citron

Révision et correction : Odette Lord
Photographie : Tango
Styliste culinaire : Éric Régimbald
Styliste accessoiriste : Véronique Gagnon Lalanne
Infographie : Louise Durocher

Catalogage avant publication
de Bibliothèque et Archives Canada

Fournier, Guy

  Citron

  (Tout un plat!)

  1. Cuisine (Citrons). 2. Cuisine (Limes). I. Titre. II. Collection.

TX813.L4F68 2004   641.6'4334   C2004-941604-9

Pour en savoir davantage sur nos publications,
visitez notre site : **www.edhomme.com**
Autres sites à visiter : www.edjour.com • www.edtypo.com
www.edvlb.com • www.edhexagone.com • www.edutilis.com

© 2004, Les Éditions de l'Homme,
une division du groupe Sogides

Dépôt légal : 4ᵉ trimestre 2004
Bibliothèque nationale du Québec

Tous droits réservés

ISBN 2-7619-1981-5

DISTRIBUTEURS EXCLUSIFS :

• Pour le Canada et les États-Unis :
MESSAGERIES ADP*
955, rue Amherst
Montréal, Québec H2L 3K4
Tél. : (514) 523-1182
Télécopieur : (514) 939-0406
* Filiale de Sogides ltée

• Pour la France et les autres pays :
INTERFORUM
Immeuble Paryseine, 3, Allée de la Seine
94854 Ivry Cedex
Tél. : 01 49 59 11 89/91
Télécopieur : 01 49 59 11 96
Commandes : Tél. : 02 38 32 71 00
                 Télécopieur : 02 38 32 71 28

• Pour la Suisse :
INTERFORUM SUISSE
Case postale 69 - 1701 Fribourg - Suisse
Tél. : (41-26) 460-80-60
Télécopieur : (41-26) 460-80-68
Internet : www.havas.ch
Email : office@havas.ch
DISTRIBUTION : OLF SA
Z.I. 3, Corminbœuf
Case postale 1061
CH-1701 FRIBOURG
Commandes : Tél. : (41-26) 467-53-33
                 Télécopieur : (41-26) 467-54-66

• Pour la Belgique et le Luxembourg :
INTERFORUM BENELUX
Boulevard de l'Europe 117
B-1301 Wavre
Tél. : (010) 42-03-20
Télécopieur : (010) 41-20-24
http://www.vups.be
Email : info@vups.be

Gouvernement du Québec – Programme de crédit d'impôt pour
l'édition de livres – Gestion SODEC – www.sodec.gouv.qc.ca

L'Éditeur bénéficie du soutien de la Société de développement des
entreprises culturelles du Québec pour son programme d'édition.

Conseil des Arts Canada Council
du Canada   for the Arts

Nous remercions le Conseil des Arts du Canada de l'aide accordée à
notre programme de publication.

Nous reconnaissons l'aide financière du gouvernement du Canada par
l'entremise du Programme d'aide au développement de l'industrie de
l'édition (PADIÉ) pour nos activités d'édition.

tout un plat !

citron

Guy Fournier

LES ÉDITIONS DE L'HOMME

Introduction

LE CITRON ET SON HISTOIRE

Aucune cuisine ne saurait exister sans l'oignon, la tomate et le citron. Qu'on fasse disparaître l'un ou l'autre et manger n'aura plus d'intérêt. Si la tomate est de consommation récente – les Espagnols venus chercher de l'or au Mexique en 1519 en ont plutôt rapporté des tomates –, et que la consommation d'oignon remonte à la plus haute Antiquité, celle du citron semble se situer entre les deux. Originaire de l'Inde, le citron a été importé en Occident par les Romains, un siècle ou deux avant J.-C. Voilà pourquoi on peut voir cet agrume sur certaines fresques de Pompéi et sur les pavés de mosaïque de Frascati, en Italie centrale.

Toutefois, les Romains n'ont pas défendu le citron mieux que leur Empire. L'un et l'autre sont donc tombés en désuétude. Il aura donc fallu attendre les Arabes pour faire la promotion de ce fruit si attrayant qu'il orne les natures mortes de tous les grands peintres depuis la Renaissance.

Ma mère, qui m'a donné très jeune – sept ans – mes premières notions de cuisine, ne fréquentait pas la peinture des grands maîtres. Et comme, dans le village où je suis né, il n'y avait ni Romain ni Arabe le citron n'avait guère de place à table. Pourtant, l'été, on en consommait en… limonade. Inspiré par Philomène de la célèbre bande dessinée, j'ai

essayé d'en vendre. J'avais fabriqué un kiosque avec deux caisses de bois renversées. La concurrence était vive, le citron cher et mon talent de vendeur nul. Résultat alors un peu prévisible, j'ai fait banqueroute avec mon commerce de limonade. Par la suite, chez nous, le citron ne servit plus qu'à une chose : empêcher fruits et légumes de s'oxyder.

Mais je me suis converti et je prêche maintenant avec le plus grand zèle les vertus de deux citrons : le jaune et le vert.

DES PETITS SOLEILS DANS LA NEIGE

Ma première illumination, je l'ai eue sur la Côte d'Azur. C'était en 1959. Un matin de février, alors que le soleil venait tout juste de se lever et qu'une neige épaisse avait recouvert la ville – eh oui, une tempête à Nice –, je suis sorti de l'hôtel West End et j'ai aperçu des boules qui brillaient dans un arbre comme autant de petits soleils. C'étaient des citrons! J'ai été tout de suite fasciné par l'éclat de ces fruits dans leur parure de neige. La parure a fondu dans la journée, mais les petits soleils sont évidemment restés. Par la suite, chaque matin en sortant de l'hôtel, je m'émerveillais de voir les joyeuses taches jaunes que faisaient les citrons dans le feuillage vert. Jusqu'à ce jour, j'avais toujours cru que les citronniers poussaient seulement dans les régions tropicales.

Le citronnier est né au Cachemire où il peut faire encore plus froid qu'à Nice. Fous de ce fruit qu'ils y avaient découvert, les Arabes ont ramené des citronniers qu'ils ont plantés sur le pourtour de la Méditerranée vers le 10e siècle. Depuis, ces beaux arbres de trois à quatre mètres de hauteur aux feuilles oblongues, vert profond, font partie du paysage méditerranéen. Ce sont des arbres généreux qui peuvent produire plus de 2000 fruits par an, quelle que soit la saison.

Jusqu'à un premier voyage au Proche-Orient en 1967, je m'étais surtout contenté d'admirer la beauté du citron. Là-bas, j'ai découvert que la cuisine pourrait plus facilement se passer de tomate que de citron. Au Liban et en Syrie, par exemple, où de pleins paniers ensoleillent et parfument toutes les cuisines, le citron est encore plus indispensable que l'oignon.

Les citrons n'ont pas tous la même allure : certains ont la peau rugueuse comme s'ils faisaient de la cellulite et d'autres ont la peau lisse d'un bébé. Les uns comme les autres ont les mêmes propriétés, mais les citrons à peau lisse sont plus juteux et ont la couenne plus mince. Rugueux ou lisses, les citrons doivent être d'un jaune éclatant. S'ils ont terne mine, c'est qu'ils sont au bord de rendre l'âme.

La pulpe du citron est acide et gorgée de jus, mais c'est dans le zeste que se concentrent

Introduction

les arômes et la plus grande partie des vitamines.

Au frigo, les citrons se gardent facilement deux mois et même plus à condition qu'on ne les emprisonne pas dans un tiroir humide. Les garder dans un sac de plastique est un véritable sacrilège. Hors du frigo, dans un panier bien aéré, la plupart des citrons se dessécheront lentement sans pourrir et leur arôme enveloppera la pièce durant quelques mois. Une fois entamé, on remet un citron au frigo, renversé dans une soucoupe. On ne l'enveloppe surtout pas. Et si on peut faire congeler zeste et jus, il n'est pas question de congeler des citrons entiers. Ils ne seraient d'aucune utilité une fois décongelés.

À peu près tous les citrons sont traités aux fongicides et aux pesticides. Il y a des citrons «biologiques», mais ils sont rares et chers. Il faut donc laver les citrons avant d'en consommer l'écorce. Je les lave sous le robinet d'eau chaude en les frottant entre mes mains savonneuses et je leur donne trois ou quatre bons coups de brosse à légumes. Ensuite, je les rince et les essuie avec un linge.

Le citron jaune contient environ une fois et demie plus de vitamine C (31 mg) que son cousin vert (19 mg). À titre de comparaison, ces 31 mg constituent un peu moins de la moitié de la vitamine C qu'une femme devrait absorber tous les jours et le tiers de ce qu'un homme devrait absorber quotidiennement[*]. Le citron est presque un médicament: antiseptique, fortifiant, diurétique, il est souverain pour le sang et les vaisseaux et contre la grippe, il vaut presque un vaccin.

JAUNE CITRON OU VERT... CITRON ?

Il y a une vingtaine d'années, à mon premier voyage en République Dominicaine, je suis tombé amoureux d'une colline fleurie. Deux Québécois, Marie-Thérèse Paquette et Claude Bouthillier, l'avaient transformée en paradis terrestre et avec Louise Deschâtelets, ma conjointe d'alors, nous en avons acheté une parcelle. Un limettier chargé de fruits ombrageait la fenêtre de la cuisine.

Je n'ai jamais trouvé de citrons verts plus juteux que ceux-là. Pourtant, ils n'étaient pas plus gros que des balles de golf, mais aussi durs! En les coupant en deux et en les pressant dans un petit outil de fer-blanc qu'on trouve partout aux Antilles et au Mexique, j'en tirais une incroyable quantité de jus.

Toutes proportions gardées, le citron vert donne plus de jus que le jaune. Il est plus parfumé aussi, mais sa peau est si mince qu'on en tire peu de zeste. Au bout d'environ deux semaines, même au frigo, le citron vert jaunit ou noircit, se dessèche ou pourrit.

---

[*] Apport nutritionnel recommandé par le National Academy of Sciences (NAS) en 2001: 75 mg/jour pour une femme et 90 mg/jour pour un homme.

Par contre, pas besoin de lui faire de toilette sous le robinet, il n'est jamais traité.

Les vrais amateurs de citrons font tout de suite la différence entre un plat parfumé au citron jaune et un autre parfumé au citron vert. Les bouches moins fines n'en voient guère et, pour elles, citrons jaunes ou verts sont interchangeables. Attention, toutefois, le citron vert parfume beaucoup plus que l'autre – deux fois plus même – et il est moins généreux en vitamine C – il contient environ 60 % de ce que contient le jaune!

Dans tous les pays qui bordent la Méditerranée, on ne trouve guère de qualités au citron vert. Ma femme libanaise ne leur voyait aucune utilité. «Pourquoi utiliser des citrons verts quand il y en a des jaunes?», disait-elle. Je suis moins sectaire. Quand je cuisine, je n'emploie jamais l'un et l'autre indifféremment, mais j'aime assez fusionner les deux arômes.

Quoi qu'il en soit, vert ou jaune, le citron est presque aussi important pour assaisonner les plats que le sel et le poivre, et on ne saurait faire de la bonne cuisine sans citron.

UN FRUIT MAGIQUE

Ils sont rares les plats dans lesquels je n'utilise pas de citron, car il est magique. Il fait ressortir le meilleur d'à peu près tous les aliments. Il coupe le goût du gras dans les fritures et il atténue le goût laiteux des sauces à la crème ou le goût farineux de celles qu'on a épaissies à la farine. Il réveille bouillons et sauces, intensifie la saveur des poissons et des fruits de mer, des volailles et des viandes rouges. Qui n'a pas mangé un filet mignon arrosé de quelques gouttes de jus de citron ne sait pas ce qu'il manque! Même chose pour un gigot d'agneau ou de chevreau. Du veau sans citron? Dieu m'en garde! N'allez pas servir du céleri-rave, des patates douces ou de la purée de potiron sans quelques gouttes de jus de citron, pas plus qu'il ne faut les omettre dans la plupart des soupes et des potages.

Et que dire des desserts? Une compote de fruits sans citron? N'y pensez même pas! Il en faut aussi dans les gelées, les confitures, les marmelades et les sorbets. Et le jus de citron voile le goût trop prononcé des œufs dans les soufflés et dans la plupart des gâteaux et des crèmes glacées.

Jaune ou vert, le citron, c'est l'essence de la bonne cuisine. Employé à petites doses, il avive les saveurs, même si on ne le décèle pas, et quand c'est l'un des ingrédients principaux d'un plat, il lui donne une fraîcheur unique et un goût incomparable.

Mon amie Anne Hébert excellait quand il était question d'écriture, mais elle était une piètre cuisinière. Elle portait toutefois une affection bien particulière au citron, sans

Introduction

doute parce qu'elle passait ses hivers à Menton, en France, où se tient la Fête du citron. Dans cette ville française, la dernière avant de passer du côté de la Riviera, en Italie, le citron a sa semaine de gloire tous les mois de février. On en fait des monuments fabuleux, on construit en son honneur de joyeux chars allégoriques et près d'un demi-million d'amants du citron assistent ou participent à des défilés, des expositions et des dégustations.

Moi, je fête le citron tous les jours. Pour sa beauté, sa saveur et sa magie.

Dans ce livre, je présente seulement des recettes qu'on ne saurait réussir sans citron. Vous pouvez les modifier à volonté mais, de grâce, n'en dépouillez aucune de son citron! Ce serait vous priver et faire grave injure au citron.

LES MEILLEURS CITRONS

Je serais bien tenté d'écrire que quelle que soit la variété, les citrons jaunes sont tous égaux sous nos papilles «dégustatives». Le citron Meyer (voir p. 105) fait exception et c'est normal, puisque c'est un hybride moitié citron, moitié orange.

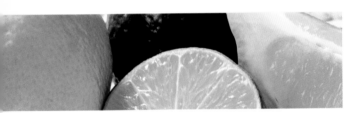

Les Espagnols sont convaincus que leur Berna est le meilleur citron, alors que les Italiens ne jurent que par leur Femminello Sfusato, qui mûrit au soleil de la côte amalfitaine. En Asie, c'est le citron oblong du Népal qui a la faveur, alors qu'en Amérique on fait grand état du Harvey (un citron qui tire son nom d'un dénommé Harvey Smith qui l'a «découvert» dans un verger de Clearwater), du Lisbonne, originaire du Portugal, ou de l'Eureka, venu des États-Unis. Les Lisbonne ont l'avantage d'avoir très peu de pépins, ce qui en fait le fruit idéal à couper en fines tranches.

Les citrons verts sont les plus petits des agrumes. À ma connaissance, il n'y en a que deux variétés : la limette mexicaine et la tahitienne. Celle-ci est plus grosse, plus juteuse mais moins parfumée.

Jaunes ou verts, les citrons sont à peu près tous verts lorsqu'on les récolte. Les jaunes mûrissent lentement en entrepôts à température contrôlée, parfois plus de trois mois, jusqu'à leur mise en marché. Pendant l'entreposage, la peau s'affine et la pulpe se gorge de jus.

N'allez pas croire qu'on mange tous les citrons. Une grande partie de la récolte est employée dans les savonneries, les huileries ou dans la fabrication de plusieurs produits. Même les feuilles du citronnier sont pulvérisées. On en distille de l'huile qui sert à fabriquer des cosmétiques.

Introduction

LE COFFRE À OUTILS

La plupart des livres ou des boutiques spécialisées proposent mille et un outils pour travailler le citron. Et la majorité d'entre eux sont carrément inutiles. Quels sont les musts?

- un couteau économe;
- un couteau d'office bien aiguisé;
- un presse-jus à citron jaune;
- un presse-jus à citron vert;
- une râpe.

En fait, il ne vous faut rien de plus que ce que vous avez déjà, sauf, peut-être, le presse-jus à citron vert. Dans le commerce, on trouve généralement ceux qui sont un modèle réduit du presse-jus à citron jaune, mais si vous avez des amis qui voyagent aux Antilles ou au Mexique, demandez-leur de vous rapporter ceux qu'on utilise là-bas. Ils ne paient pas de mine, coûtent seulement 1 ou 2 $, mais ils extraient d'un citron vert assez de jus pour que vous en restiez étonné.

Les presse-citrons les plus utiles sont ceux dont le récipient inférieur recueille le jus, alors que la pulpe et les pépins restent dans le récipient supérieur. J'aime beaucoup le presse-citron en bois qu'on introduit directement dans le fruit, mais il faut alors extraire le jus au-dessus d'une passoire posée sur un bol, à moins de vouloir manger la pulpe ou s'étouffer avec les pépins.

Quand on veut extraire le jus d'un citron, on le coupe en deux et on enlève les pépins qui sont à fleur de pulpe.

Pour accompagner un plat, il faut couper le citron en quartiers. Tranchez d'abord le citron en deux à partir du pédoncule, puis détaillez chaque moitié en quatre. Enlevez ensuite les pépins et coupez un peu les extrémités de chaque quartier, si c'est un citron à écorce épaisse. De grâce, cessez de faire des tranches de citron pour accompagner un plat. Il faut se battre avec pour en extraire le jus. Et ai-je besoin d'ajouter qu'à table, avant d'extraire le jus d'un quartier, on commence par le piquer avec sa fourchette afin de ne pas mitrailler ses voisins d'un jet acide.

Un gros citron bien frais donne environ 60 ml (¼ tasse) de jus. Un citron moins frais ou plus petit en fournira à peu près 3 c. à soupe. Pour une tasse de jus, comptez quatre gros citrons frais ou six petits. Plus le citron est léger en main, moins il donnera de jus.

S'il s'agit d'un plat qui exige beaucoup de jus de citron frais, le plus simple est de garnir l'assiette d'un demi-citron. Mais il ne faut pas se contenter de couper platement le fruit en deux, on doit aussi le canneler. Avec un couteau d'office bien aiguisé, vous n'aurez aucun mal à le faire. Le citron dans une main, enfoncez la lame de biais jusqu'au milieu du fruit. Retirez-la, placez la pointe du couteau à côté de la première coupure, puis coupez toujours de biais jusqu'au centre du fruit, mais en sens inverse. Lorsque vous aurez ainsi fait le tour, prenez le citron à deux mains, exercez une légère torsion en tournant les deux morceaux en sens opposé et le citron se détachera en deux parties crénelées. Il ne vous restera qu'à les débarrasser des pépins apparents et à couper une fine tranche d'écorce à chaque bout afin que le demi-citron ne roule pas dans l'assiette.

Citrons jaunes ou verts produisent plus de jus lorsqu'ils sont à température de la pièce. Pourquoi ne pas en laisser toujours quelques-uns dans un panier sur le comptoir?

AJOUTEZ-Y DU ZESTE

La meilleure façon d'obtenir du zeste de citron n'est pas de le faire à la râpe, mais au couteau économe. Quant au citron vert, c'est presque impossible de le râper, tellement la peau est mince. Qu'on prélève le zeste du citron jaune à la râpe ou à l'économe, il ne faut pas entamer la peau blanche qui recouvre la pulpe. Elle est amère et donne mauvais goût aux plats. Aucun de ces outils qu'on appelle « zesteurs » ne m'a donné satisfaction. Achetez-

en un si vous y tenez, mais vous risquez de l'oublier dans l'un de vos tiroirs.

La meilleure râpe? Aussi curieux que ça puisse paraître, c'est celle qu'on trouve au rayon des outils de menuisier dans une quincaillerie. Au lieu de transformer votre zeste en bouillie, ces râpes coupent finement et n'exigent pas d'effort. La râpe carrée qu'on utilise pour le fromage n'est pas très indiquée. Si on râpe du côté le plus fin, elle emprisonne la moitié du zeste dans ses orifices. Les autres côtés ne sont guère mieux, car ils râpent la peau du citron et même celle de vos doigts!

Introduction

Dans une recette, c'est assez rare que le jus de citron suffise à donner la saveur qu'on souhaite. On ajoute alors un peu de zeste haché menu. Attention, toutefois, si on en met trop, le plat peut facilement devenir amer. Le zeste ne porte pas ce nom pour rien : il donne du zeste à un plat qu'on ne souhaite pas laisser entre le zist et le zest, c'est-à-dire avec un goût indéfini !

En tenant le citron dans une main, on tranche de l'autre, à l'aide d'un couteau économe, des languettes d'environ 1 cm (½ po) de haut en bas du fruit. Quand c'est fait, on découpe chaque languette en julienne avec un couteau d'office. Si on veut du zeste en julienne, le travail est terminé. Si on veut du zeste haché finement, il suffit de joindre les filaments et de les couper au couteau d'office en longueurs d'environ 0,3 cm (⅛ po). Zesté de cette façon, un citron donnera à peu près 2 c. à soupe de zeste, la moitié moins si on procède à la râpe à fromage.

Une fois le zeste d'un citron prélevé, ne jetez pas le fruit. Il reste parfait pour le jus.

J'utilise rarement de zeste en poudre, mais voici la façon d'en préparer : lorsque vous avez haché le zeste finement, faites-le sécher 3 ou 4 jours sur du papier essuie-tout, puis réduisez-le en poudre au robot culinaire. Ensuite, vous le conservez dans un bocal, au sec et à la noirceur. On utilise la poudre de zeste comme on utiliserait du zeste haché pour l'assaisonnement, mais il faut se rappeler qu'il est très concentré. On doit alors en utiliser trois fois moins.

LA PULPE

En règle générale, on filtre le jus pour en éliminer la pulpe. Mais tout est question de goût et de bon sens. Dans certains plats, si on laisse la pulpe dans le jus, on obtiendra plus de saveur. Dans d'autres, on les rendra indûment amers. Cela dit, dans plusieurs recettes, la pulpe a une place spécifique. La plupart du temps, on l'utilise alors en fines rondelles.

On prélève d'abord le zeste, puis on pèle le citron à vif, c'est-à-dire qu'avec un couteau très aiguisé, on le débarrasse de sa fine peau blanche. Ensuite, avec un couteau d'office ou un couteau à dents si la lame est très fine, on coupe le citron en minces rondelles en commençant par le milieu. Les extrémités du fruit, on les jette ou on en presse le jus. Il n'y a plus alors qu'à débarrasser les tranches des pépins qui restent, car plusieurs tombent quand on coupe.

C'est plus facile de faire de fines tranches si le citron est très froid. Un truc ? On peut le mettre une trentaine de minutes au congélateur avant de le travailler.

AH OUI, LA DÉCORATION !

On utilise souvent de fines tranches de citron comme décoration. Dans ce cas, on n'enlève ni le zeste ni la peau blanche. Si on veut faire de la fantaisie, avant de couper le citron en tranches d'environ 0,3 cm (⅛ po) d'épaisseur, on prélève des languettes de zeste avec un couteau à canneler (ou un couteau d'office) en incisant en «v» d'un pôle à l'autre du fruit et quand on coupe les tranches, elles sont cannelées.

Rappelez-vous que les gros citrons à l'écorce très épaisse ne font pas de jolies tranches.

C'est là ou à peu près que s'arrêtent mes talents de décorateur! Je sais que les citrons se sculptent de bien des façons. J'ai vu des citrons déguisés en papillons ou en paniers, d'autres transformés en bouclettes, habillés de mousseline, décorés de cerises ou de pluches de cerfeuil ou de persil. J'en ai même vu d'autres montés sur des cure-dents multicolores ou assis sur des clous de girofle! Ce sont trop souvent des façons de faire oublier que le plat qu'accompagnent ces pauvres citrons martyrs n'en vaut pas la peine.

LES CASSE-CROÛTE ET LES ENTRÉES

Entrée de caviar aux pommes acidulées

4 portions

INGRÉDIENTS

PRÉPARATION

C'est de Benoît Guichard, un élève de Joël Robuchon, dont je me suis inspiré pour cette merveilleuse et étonnante recette, de toute évidence meilleure avec du caviar russe ou iranien, mais parfaitement acceptable avec notre caviar d'Abitibi. Après avoir quitté Robuchon, Guichard a été chef au restaurant Jamin dans le 16ᵉ à Paris, mais je ne sais pas s'il y est encore.

• Séparer les lamelles d'oignon en rondelles, puis les mettre dans une passoire. Avec les mains, les mélanger avec un peu de gros sel de mer. Laisser dégorger 30 min, rincer, puis assécher dans un linge à vaisselle. Dans un bol, mélanger 3 c. à soupe de jus de citron et 3 c. à soupe d'huile d'olive et y faire macérer les rondelles d'oignon. Réserver.

• Dans un grand bol, mettre le reste des huiles puis, au fouet, incorporer la moitié du jus de citron qui reste en alternant avec la crème sure. Saler légèrement avec de la fleur de sel. Réserver cette sauce.

• Peler les pommes, les couper en 2, enlever le cœur, puis les couper à l'horizontale en fines lamelles en forme de demi-lune. Mettre les lamelles dans un bol, arroser du jus de citron qui reste, saler légèrement et assaisonner de piment d'Espelette. Avec les doigts, mélanger délicatement pour ne pas briser les pommes. Réserver.

• Poser dans une assiette un emporte-pièce d'environ 9 cm (3 ½ po) de diamètre. Y disposer le quart des pommes en les faisant se chevaucher légèrement et former ainsi un motif circulaire. Recommencer la même opération pour chacune des autres assiettes. Quand c'est terminé, avec une cuillère, parsemer les pommes des grains de caviar.

- 2 oignons rouges coupés en lamelles
- Gros sel de mer
- 80 ml (⅓ tasse) de jus de citron
- 80 ml (⅓ tasse) d'huile d'olive extra-vierge
- 3 c. à soupe d'huile de noisette
- 2 c. à soupe de crème sure
- Fleur de sel
- 2 pommes Granny Smith
- Sel
- Piment d'Espelette séché
- 3 c. à soupe de caviar
- Pousses printanières
- Pluches de cerfeuil ou pluches d'aneth bien frais
- Huile de chanvre

• Avec les doigts, mélanger les pousses printanières dans la sauce à la crème sure de manière qu'elles soient légèrement enrobées. Disposer des pousses autour des pommes, puis répartir sur le caviar les rondelles d'oignon. Décorer au centre d'une pluche de cerfeuil ou d'aneth.

• Faire tomber quelques jolies gouttes d'huile de chanvre çà et là dans l'assiette.

Flétan cru au citron vert

4 portions en entrée

- 680 g (1 ½ lb) de flétan très frais
- 1 poivron rouge
- 1 poivron vert
- 3 petits oignons verts
- Le jus de 2 citrons verts
- 1 gousse d'ail hachée en très fines lamelles
- 12 petits bouquets de coriandre bien fraîche
- 3 c. à soupe d'huile d'olive extra-vierge
- 1 c. à soupe d'huile de noix ou de noisette
- 1 c. à soupe d'huile de tournesol
- Sel
- Piment d'Espelette séché ou piment oiseau broyé

• Faire couper un morceau de flétan et le faire fileter en 2 morceaux de manière qu'il soit débarrassé de ses arêtes et que l'on puisse ensuite le couper dans le sens de la chair (donc, à l'inverse de la façon dont on coupe les darnes).

• Parer les poivrons en les coupant au milieu dans le sens de la longueur. Les débarrasser de leurs graines, les couper en lanières de 0,5 cm (¼ po), puis en dés d'environ 0,5 cm (¼ po) de côté. Réserver.

• Enlever la partie verte des petits oignons, puis couper le reste en minces rondelles. Exprimer le jus des 2 citrons verts et le filtrer, si nécessaire. Réserver.

• Couper le flétan en lamelles assez épaisses pour qu'elles se tiennent bien, les mettre dans un plat de service avec l'oignon vert, l'ail et les poivrons. Hacher la coriandre et l'incorporer aux huiles avec un peu de sel. Verser ce mélange d'huile sur le flétan et les légumes, couvrir d'une pellicule plastique et faire mariner au frigo environ 45 min.

• Arroser du jus de citron, puis assaisonner du piment d'Espelette ou du piment oiseau (attention, ce piment est très fort), mélanger légèrement et servir.

Guacamole

Donne 500 ml (2 tasses)

INGRÉDIENTS

- 3 avocats bien à point
- ½ c. à café (½ c. à thé) de tabasco ou de sauce louisianaise
- Quelques gouttes de sauce Worcestershire
- Sel et poivre du moulin
- 3 c. à soupe d'huile d'olive
- 2 c. à soupe d'huile de noix ou de noisette
- Le jus de 1 citron vert
- 1 c. à soupe de pâte de tomate
- 8 à 10 branches de ciboulette hachées finement

PRÉPARATION

• Mettre au robot ou dans un mélangeur la chair des avocats, le tabasco ou la sauce louisianaise, la sauce Worcestershire, le sel et le poivre. Verser graduellement dans l'appareil les huiles et le jus de citron vert dans lequel on a dilué la pâte de tomate, puis réduire le tout en purée. Quand la purée est belle, la mettre dans un bol et ajouter la ciboulette. Mélanger à la fourchette. Refroidir et servir avec des pointes de pain rôti ou des nachos.

Pétales de pétoncles au citron confit

4 portions en entrée ou 8 portions en amuse-gueule

Cette recette constitue une délicate entrée ou encore une délicieuse mise en bouche. On l'accompagne d'un bon champagne brut ou d'un Sancerre. À la rigueur, un Entre-Deux-Mers ou un muscadet, mais... ce n'est pas tout à fait pareil!

• La veille, faire macérer le citron confit avec le sel et les huiles.

• Juste avant de servir, avec un couteau fin et très bien aiguisé, trancher dans le sens inverse des fibres les pétoncles en minces lamelles (4 lamelles par pétoncle). Disposer les pétales au fur et à mesure dans de jolies assiettes.

• Passer les huiles et le citron confit au chinois en pressant bien le citron, puis en badigeonner les pétales avec un pinceau doux. Parsemer de fleur de sel et de poivre rose.

INGRÉDIENTS

• Environ 30 g (1 oz) de citron confit au sel (Citrons confits maison, voir recette, p. 106, ou du commerce)
• 16 gros pétoncles bien frais
• 2 c. à soupe d'huile d'olive extra-vierge
• 2 c. à soupe d'huile de noisette
• Fleur de sel
• Poivre rose grossièrement haché

Salade de crabe des neiges au citron

PRÉPARATION

4 portions

- Le zeste de 1 citron jaune
- 2 c. à soupe d'huile de noisette
- 2 pamplemousses roses
- Le jus de 2 citrons verts
- 3 avocats mûris à point
- 1 kg (2 ¼ lb) de crabe des neiges non décortiqué
- 1 c. à soupe d'huile d'olive vierge
- Fleur de sel au goût
- Piment d'Espelette séché au goût

Au Québec, un des signes du printemps, c'est l'arrivée du crabe des neiges, ce grand crabe aux longues pattes qu'on pêche dans les eaux froides du nord du Québec et qui ravit les Japonais. Heureusement, pour l'instant, il nous en reste. C'est un crabe au goût très fin, à la chair blanche comme neige (d'où son nom), et qui se vend déjà cuit, la plupart du temps. Il faut le décortiquer avec soin (c'est facile avec une bonne paire de ciseaux à volaille et la fine fourchette à crabe et homard) et déposer d'abord sa chair sur une serviette propre afin de l'éponger un peu. Le crabe a tendance à nous arriver bien humide.

• Prendre le zeste d'un citron jaune et le hacher finement. Le faire macérer une dizaine de minutes dans 1 c. à soupe d'huile de noisette et réserver.

• Préparer les pamplemousses de la façon suivante : à chacune des deux extrémités du fruit, couper une tranche de pelure jusqu'à la pulpe. Mettre ensuite le pamplemousse dans une assiette, puis couper la pelure tout le tour. Par la suite, toujours au-dessus de l'assiette, en tenant le pamplemousse dans sa main, extraire les quartiers. Se servir d'un couteau fin et passer la lame entre la membrane et la pulpe. On obtient ainsi de beaux quartiers débarrassés de la fine membrane transparente très désagréable sous la dent. Ne pas utiliser le jus de pample-mousse, mais le boire… Mettre les quartiers dans un bol à salade, puis les arroser de la moitié du jus de citron vert.

• Couper les avocats en 2, enlever le noyau, puis inciser la chair pour en faire des lamelles d'environ 0,5 cm (¼ po) d'épaisseur. Avec une cuillère à soupe, retirer les lamelles de chair, puis les déposer sur les quartiers de pamplemousse. Les arroser du reste du jus de citron vert.

• Répartir la chair de crabe sur les lamelles d'avocat, puis arroser de la moitié du reste des huiles mélangées ensemble. Parsemer ensuite le crabe du zeste de citron et verser l'huile qui reste. Saler, puis ajouter du piment d'Espelette.

• Servir sans mélanger (au risque d'en faire une bouillie désagréable), puis arroser chaque assiettée du jus qui reste dans le bol.

VARIANTE : *Dans cette recette, on peut remplacer le crabe des neiges par du crabe ordinaire (plus goûteux, mais moins fin) ou même par du crabe en conserve ou par du homard en conserve ou surgelé. Si tel est le cas, il faut bien l'égoutter avant de l'utiliser.*

Sandwich à la sardine et au citron

Donne 1 sandwich

Si vous aimez les sardines en conserve, ce sandwich est pour vous. Il vaut la peine de l'essayer, je vous jure.

- Dans un bol, écraser l'ail pour en exprimer le jus. Ajouter les sardines bien égouttées, puis les piler avec une fourchette en ajoutant, à tour de rôle, l'huile et le jus de citron.
- Pendant ce temps, faire chauffer 2 tranches de pain de seigle et les beurrer.
- Tartiner généreusement la pâte de sardine sur une tranche de pain, poivrer, puis ajouter l'autre tranche de pain.
- Couper le sandwich en 2 et décorer chaque partie d'une demi-rondelle de citron vert.

VARIANTE : *On peut remplacer les sardines par du maquereau en conserve, surtout celui au vin blanc. Il faut aussi l'égoutter avec soin.*

- 1 gousse d'ail pelée
- 1 boîte de sardines avec peau et arêtes (si vous avez envie de vous payer des sardines de Bretagne, ce sont les meilleures)
- ½ c. à soupe d'huile de noix
- 1 c. à soupe de jus de citron
- 2 tranches de pain de seigle
- Une noisette de beurre
- Poivre du moulin
- 1 rondelle de citron vert tranchée très fin

Sandwich au citron et au saumon fumé

Donne 1 sandwich

- Faire chauffer légèrement le pain et le beurrer, déposer le saumon fumé sur une tranche de pain, garnir des rondelles de citron, parsemer de poivre rose, puis y déposer la deuxième tranche de pain.
- Manger immédiatement accompagné d'un verre de limonade ou de vin blanc frais.

- 2 tranches de pain de seigle tranchées finement
- Une noisette de beurre
- 1 ou 2 tranches de saumon fumé, selon la grandeur
- 4 à 5 rondelles de citron tranchées très mince et débarrassées de leur zeste
- Poivre rose grossièrement broyé

Soupe au citron à la grecque

INGRÉDIENTS PRÉPARATION

INGRÉDIENTS

- Le zeste de 1 citron coupé en fine julienne
- 1,75 litre (7 tasses) de bouillon de poulet maison
- 80 g (½ tasse) de riz basmati lavé et rincé
- 1 bâton de cannelle
- Sel et poivre du moulin
- 2 jaunes d'œufs
- Le jus de 1 citron

PRÉPARATION

- Faire bouillir le zeste 30 sec. Égoutter et réserver.

- Porter le bouillon à ébullition, ajouter le riz, porter de nouveau à ébullition, puis écumer, si nécessaire. À feu moyen, faire bouillir avec le bâton de cannelle de 5 à 8 min, jusqu'à ce que le riz soit cuit. À mi-parcours, ajouter le zeste. Saler et poivrer au goût.

- Dans un grand bol, fouetter les jaunes d'œufs jusqu'à ce qu'ils soient jaune clair, verser le jus de citron et fouetter de nouveau. Tout en fouettant pour que les jaunes ne cuisent pas, ajouter le bouillon débarrassé du bâton de cannelle. Une fois l'opération terminée, remettre dans la casserole et faire épaissir à feu doux, mais ne pas faire bouillir.

- Servir avec du pain grillé.

LES LÉGUMES

Peu de légumes s'accommodent avec beaucoup de citron.
La plupart des légumes frais ont leur saveur propre qui n'a pas
besoin d'apprêt particulier à trop forte saveur de citron,
sauf, sans doute, ceux dont je vous donne la recette ici.
Néanmoins, presque tous les légumes ont besoin de quelques gouttes
de citron pour réveiller leur saveur et leur arôme.
Comme pour les fruits, plusieurs légumes farineux (patate douce,
pommes de terre, navet, rabiole, etc.) n'aiment pas trop le citron.
Mais certains autres légumes ne sauraient «allumer» vos papilles
si vous ne les aspergez pas d'un peu de jus de citron.
Pensez seulement aux épinards, au brocoli, à toutes les laitues, aux
haricots verts et jaunes, et à bien d'autres encore.

Aubergines à l'indonésienne

4 portions en entrée ou en plat d'accompagnement

- 2 petits piments rouges frais, coupés en fines rondelles
- 2 petits piments verts frais, coupés en fines rondelles
- 1 oignon jaune haché fin
- Sel
- 500 g (env. 1 lb) de petites aubergines longues et fines
- Huile d'arachide ou de tournesol
- 2 c. à soupe d'huile d'olive
- 1 c. à soupe d'huile de noisette ou de noix
- Le jus de 4 citrons verts

Voici une entrée étonnante ou un plat tout désigné pour un repas léger.

• Dans un mortier, piler piments, oignon et sel pour en faire une pâte épaisse. Réserver.

• Couper les extrémités des aubergines. Les couper en 2 ou en 3 (selon leur grosseur) dans le sens de la longueur, mais jusqu'aux trois quarts seulement. Mettre l'huile d'arachide ou de tournesol dans une sauteuse et, dès qu'elle est assez chaude, y faire frire les aubergines. Quand la chair est bien tendre, les égoutter sur plusieurs épaisseurs de papier essuie-tout. Réserver au chaud.

• Faire chauffer les huiles d'olive et de noisette ou de noix dans une poêle et y faire revenir la pâte d'oignon et de piment. Verser le jus de citron vert, bien mélanger, ajouter les aubergines, les retourner dans la sauce et servir immédiatement.

Brocoli au citron et à l'ail

- 2 beaux brocolis bien fermes
- 1 c. à soupe d'huile de noix ou de noisette
- 60 ml (¼ tasse) d'huile d'olive vierge
- Le jus de 1 citron
- Une noisette de beurre
- 1 c. à café (1 c. à thé) de vinaigre balsamique
- Sel et poivre du moulin
- 3 gousses d'ail tranchées en lamelles minces
- 20 copeaux de parmesan frais

Le brocoli préparé de cette façon peut servir d'entrée ou de légume d'accompagnement.

• Couper les brocolis en 2, enlever toutes les feuilles, puis éplucher sans parcimonie les tiges avec un couteau d'office. Faire cuire à la vapeur jusqu'à ce que le brocoli soit al dente. Déposer sur quelques épaisseurs de papier essuie-tout. Pendant que cuit le brocoli, mélanger l'huile de noix ou de noisette avec la moitié de l'huile d'olive, mettre dans un bol avec le jus de citron, le beurre et le vinaigre balsamique. Faire chauffer au micro-ondes jusqu'à ce que le mélange frémisse, puis l'émulsionner à la fourchette. Réserver.

• Dans deux grandes poêles (sinon, on cuit un brocoli à la fois), mettre le reste de l'huile d'olive à feu plutôt vif. Y déposer les bouquets de brocoli, côté le plus rond d'abord, et cuire de 2 à 3 min, puis les retourner. Saler et poivrer. Dès que le brocoli est retourné, l'arroser du mélange qui a chauffé au micro-ondes, puis répartir dans la poêle les lamelles d'ail et les copeaux de parmesan. Aussitôt que le parmesan commence à fondre et que les lamelles d'ail sont dorées, retirer du feu et servir dans des assiettes chaudes.

Caviar d'aubergine

Donne environ 500 ml (2 tasses)

Vous pouvez servir cette purée tiède comme entrée sur du pain ou des morceaux de pita grillés ou servir la purée chaude comme accompagnement. L'idéal, c'est de la réchauffer au micro-ondes.

• Préchauffer le four à 160 °C (325 °F). Couper les deux extrémités de chaque aubergine et percer chacune d'entre elles de plusieurs coups de couteau pointu. Faire cuire au four dans une lèchefrite couverte d'un papier d'aluminium environ 1 h. Quand les aubergines sont bien tendres, allumer le gril et y faire griller la peau d'aubergine de tous les côtés jusqu'à ce qu'elle commence à brûler.

• Laisser tiédir, couper les aubergines en 2 dans le sens de la longueur, puis éliminer la majeure partie des graines en les enlevant avec une cuillère. Elles ont tendance à donner un goût amer au caviar.

• Mettre les noix dans un robot culinaire et les réduire en poudre, puis ajouter la chair et la peau des aubergines en gros morceaux. Réduire en purée. Ajouter l'ail, le sel et le poivre, puis ajouter jus de citron et beurre de sésame en alternance jusqu'à consistance d'une purée assez homogène.

- 2 aubergines de grosseur moyenne ou 3 plus petites
- 3 c. à soupe de noix de Grenoble
- Le jus de 5 gousses d'ail
- Sel et poivre du moulin
- Le jus de 1 1/2 citron
- Environ 80 ml (1/3 tasse) de beurre de sésame (tahini)

Épinards au citron

INGRÉDIENTS

- 1 kg (2 ¼ lb) et plus d'épinards
- 2 c. à soupe d'huile d'olive
- 2 c. à soupe d'huile de noix ou de noisette
- Une grosse noix de beurre
- 2 gousses d'ail hachées très finement
- Le jus de ½ citron
- La moitié d'un citron pelé à vif, épépiné et coupé en petits dés
- Sel
- Muscade fraîchement râpée

COMME ENTRÉE

- 4 œufs
- Piment d'Espelette séché ou paprika

• Laver les épinards avec soin et les débarrasser de leur tige. Mettre la moitié des huiles dans une sauteuse, porter à feu vif et y faire cuire les épinards en les ajoutant par grosses poignées et en remuant avec deux cuillères de bois.

• Entre-temps, préparer le beurre au citron. Dans un petit bol, mélanger le reste des huiles, le beurre, l'ail, le jus de citron et le citron. Mettre au micro-ondes pour faire fondre le beurre. Réserver.

• Dès que les épinards sont cuits (quelques minutes au plus), les saler, puis les déposer dans un plat de service. Saupoudrer de muscade et arroser de beurre au citron.

• **Comme entrée**: Pour servir en entrée, plutôt qu'en plat d'accompagnement, il suffit de déposer les épinards dans une assiette, d'en faire un nid douillet et d'y poser au milieu un œuf mollet ou poché, saupoudré d'un peu de piment d'Espelette ou, à la rigueur, de paprika.

Taboulé du Proche-Orient

Donne environ 1 litre (4 tasses)

- 60 ml (¼ tasse) de blé concassé numéro 1
- 2 c. à soupe de cumin moulu
- Le jus de 2 citrons
- 3 bouquets de persil italien lavés, asséchés et hachés finement
- 2 tomates de grosseur moyenne bien fermes, non pelées et hachées en petits dés
- 10 feuilles de menthe poivrée hachées finement
- 2 feuilles de laitue romaine hachées finement
- 2 oignons verts hachés finement
- 1 gros oignon jaune haché finement
- 2 c. à soupe de zeste de citron haché finement
- 1 c. à café (1 c. à thé) de sel
- ½ c. à café (½ c. à thé) de poivre noir en poudre
- ¼ c. à café (¼ c. à thé) de cayenne
- 1 c. à soupe de sumac en poudre
- 125 ml (½ tasse) d'huile d'olive vierge
- Feuilles de laitue romaine pour accompagner
- Pain pita pour accompagner

Si vous ne connaissez pas cette recette de taboulé, faites-la et vous laisserez toutes les autres recettes à vos ennemis. Ce taboulé me vient d'une authentique famille libanaise de là-bas et ne souffre aucun compromis.

- Laver le blé concassé dans une petite passoire et bien l'essorer. Mettre le blé dans un petit bol, saupoudrer des trois quarts du cumin et couvrir avec le jus de citron. Laisser tremper ainsi pendant 15 min.

- Dans un saladier, déposer sans les mélanger persil, tomates, menthe, laitue, oignons (verts et jaune), zeste de citron, puis le blé concassé dès qu'il est prêt. Ajouter ensuite sel, poivre, cayenne, sumac et huile. Mélanger le tout une demi-heure au plus avant de servir afin de garder les verts en bon état. Vérifier l'assaisonnement. On peut, au goût, ajouter plus de jus de citron, de cumin et de sumac, et même de la menthe séchée et plus d'huile, si on le désire. Le taboulé s'accompagne toujours de feuilles de laitue romaine et de pain pita.

NOTE : Le taboulé constitue une entrée parfaite, puisqu'il met en appétit.

LES POISSONS

Je l'ai écrit déjà, tous les poissons grillés ont besoin
de quelques gouttes de citron, mais je vous mets en garde
contre une pratique fréquente :
le jus de citron dans les tartares de poisson.
Une hérésie! La chair du poisson est si délicate
que le jus de citron la cuit aussitôt.
Il m'arrive d'utiliser un peu de citron dans le tartare de saumon,
mais je le mélange alors avec au moins deux parties
de crème épaisse ou avec de la purée de raifort.

Aile de raie au citron et aux câpres

3 portions

Pour cette recette, il faut faire tremper la raie pendant au moins 3 h dans l'eau froide additionnée du jus de ½ citron.

• Pour le court-bouillon : Dans une sauteuse assez grande pour recevoir l'aile de raie, faire mijoter l'eau avec tous les autres ingrédients environ 1 h. Pendant ce temps, si la raie a encore sa peau, bien la brosser et la rincer à grande eau.

• Faire mijoter la raie environ 12 min, selon la grosseur de l'aile. Lorsque la raie est cuite, la retirer du feu, la poser sur une assiette garnie de plusieurs épaisseurs de papier essuie-tout et enlever la peau, si ce n'est déjà fait. Détacher la chair du cartilage dorsal, la répartir dans les assiettes et garder au chaud.

• Pour la garniture : Dans une petite poêle, faire revenir dans les huiles et le beurre, à feu doux, les rondelles d'échalote ou d'oignon jusqu'à ce qu'elles soient transparentes, ajouter les lamelles d'ail et cuire 1 min. Éteindre le feu, ajouter les câpres, le persil haché, le citron, le poivre et un peu de sel. Laisser réchauffer 1 ou 2 min.

• Répartir également la petite sauce aux câpres et au citron sur la raie dans les assiettes, et servir avec une pomme de terre nature.

- 1 aile de raie d'environ 1 kg (2 ¼ lb)
- Le jus de ½ citron

LE COURT-BOUILLON
- 2 litres (8 tasses) d'eau
- 1 petite carotte coupée en gros dés
- 1 branche de céleri coupée en gros dés
- 1 oignon jaune émincé
- 2 ou 3 baies de genièvre
- 1 feuille de laurier
- Le ½ citron qui a servi au jus de trempage
- Sel et poivre

LA GARNITURE
- 1 c. à soupe d'huile d'olive vierge
- 1 c. à soupe d'huile de noix ou de noisette
- 1 c. à soupe de beurre
- 1 échalote ou ½ oignon jaune coupé en rondelles très minces
- 1 gousse d'ail coupée en très fines lamelles
- 2 c. à soupe de petites câpres bien rincées
- 1 petit bouquet de persil haché très finement
- 1 citron épluché à vif, épépiné et coupé en très fines rondelles
- Sel et poivre du moulin

Marlin bleu au thym et aux deux citrons

INGRÉDIENTS
PRÉPARATION

- 1 c. à soupe de jus de citron vert
- 1 c. à soupe de jus de citron jaune
- 2 c. à soupe d'huile d'olive
- 1 c. à soupe d'huile de noisette
- Sel et poivre
- 2 c. à soupe de thym frais, effeuillé
- 4 morceaux de marlin d'environ 100 g (3 ½ oz) chacun

On peut aussi faire cette recette avec de l'espadon, du thon, du mérou et, à la rigueur, du requin.

- Mélanger les jus d'agrumes et les huiles avec une fourchette, ajouter un peu de sel et en enduire généreusement les morceaux de marlin. Laisser ainsi environ 1 h à température de la pièce.

- Dans une grande assiette, étaler les petites feuilles de thym, puis y passer les morceaux de marlin pour bien les couvrir de thym. Saisir les morceaux de marlin de 2 à 3 min de chaque côté dans une poêle en fonte à fond strié chauffée presque à blanc, puis baisser le feu.

- Servir dans des assiettes chaudes avec une garniture d'épinards à l'huile et au citron ou encore avec des choux de Bruxelles à l'huile et au citron. Saler et poivrer.

NOTE : Le marlin doit cuire un peu plus que le thon, mais à peine. Au Québec, on dirait que la cuisson doit être *medium*, c'est-à-dire juste à point. Cuit à cœur, le marlin, comme le thon, est sans intérêt.

Morue fraîche
aux anchois et aux deux citrons

2 portions

C'est un plat que j'ai préparé à Paris pour la première fois et dans les meilleures conditions, puisque je venais d'acheter un pavé de morue si frais qu'il sentait encore la mer. J'ai fait couper par le poissonnier dieppois un morceau de morue d'environ 10 cm (4 po) de longueur, puis je lui ai demandé de le couper en 2 parts et de le désosser. Par la suite, j'ai acheté 8 petits anchois cuits et conservés dans l'huile d'olive. Je n'ai pas essayé de faire ce plat avec des filets d'anchois, mais on pourrait le réussir en prenant soin de dessaler les filets en les épongeant soigneusement avec un morceau de papier essuie-tout et en ne salant pas le poisson par la suite.

- Le zeste de 1 citron jaune coupé en fine julienne
- Le zeste de 1 citron vert coupé en fine julienne
- 3 c. à soupe d'huile d'olive vierge
- 1 c. à soupe d'huile de noisette ou de noix
- 1 c. à café (1 c. à thé) de vinaigre balsamique
- 1 c. à café (1 c. à thé) de jus de citron jaune
- 1 c. à café (1 c. à thé) de jus de citron vert
- Une noix de beurre
- 3 gousses d'ail coupées en minces lamelles
- 2 c. à soupe d'huile de tournesol
- 450 g (1 lb) de pavé de morue bien fraîche ou de cabillaud avec la peau
- Sel et poivre du moulin
- 8 petits anchois (ou 8 à 10 filets bien dessalés)

- Faire bouillir de l'eau et y plonger le zeste de citron jaune pendant 30 sec. L'égoutter, l'éponger et réserver.

- Dans un bol, mettre les huiles (sauf l'huile de tournesol), le vinaigre balsamique, le jus des citrons jaune et vert et la noix de beurre. Faire chauffer au micro-ondes jusqu'à ce que l'huile commence à frémir. Émulsionner avec une fourchette, puis ajouter les lamelles d'ail et réserver.

- Mettre l'huile de tournesol à chauffer à feu assez vif dans une poêle à poisson. Quand elle est chaude, y cuire les deux pavés de poisson côté chair vers le bas pendant 1 min, puis les retourner côté peau, saler légèrement et poivrer. Réduire à feu moyen et cuire ainsi à l'unilatéral pendant environ 4 min ou jusqu'à ce que la chair commence à se séparer en flocons. Étendre les anchois sur les pavés et réduire le feu à presque rien.

- Pendant ce temps, remettre le bol d'huiles au micro-ondes jusqu'à ce que le contenu frémisse.

- Servir les pavés dans des assiettes très chaudes, puis y répartir les zestes de citron. Verser le contenu du bol d'huiles et son ail en le répartissant sur chaque pavé.

- Garnir de courgettes, de haricots verts ou de petits pois frais.

Pavé de morue fraîche au citron

2 portions

- Faire blanchir le zeste de 1 à 2 min dans l'eau bouillante. Réserver.

- Couper l'oignon rouge et l'échalote dans le sens de la hauteur en tranches assez fines. Dans une grande poêle, à feu moyen, faire suer l'oignon et l'échalote dans la moitié de l'huile jusqu'à ce qu'ils soient tendres, ajouter les lamelles d'ail et les laisser attendrir de 1 à 2 min. Ajouter le zeste de citron en julienne, puis les feuilles de sauge non coupées. Cuire encore environ 2 min. Saler, poivrer et réserver au chaud.

- Dans une poêle à poisson, faire chauffer l'huile qui reste à feu plutôt vif, puis y faire cuire le poisson de 4 à 5 min de chaque côté (moins s'il est mince). Une fois le pavé de morue retourné, le saler légèrement, puis le saupoudrer de piment d'Espelette au goût. Servir dans des assiettes très chaudes, arroser le poisson du jus de citron, puis y déposer les oignons, la sauge et le zeste.

INGRÉDIENTS

- Le zeste de 1 citron coupé en julienne
- 1 oignon rouge
- 1 échalote
- 60 ml (1/4 tasse) au total d'huile de noisette et d'huile d'olive
- 4 gousses d'ail coupées en fines lamelles
- 12 à 16 feuilles de sauge fraîche
- Sel de mer
- Poivre du moulin
- 400 g (14 oz) de morue (dans la partie la plus charnue du filet)
- Piment d'Espelette séché
- 1 c. à soupe de jus de citron

Pavé de morue aux deux citrons

- 800 g (1 ¾ lb) de morue séchée
- 60 ml (¼ tasse) d'huile d'olive vierge
- 1 oignon rouge coupé en rondelles de 0,5 cm (¼ po)
- 1 poivron vert coupé en lamelles de 0,5 cm (¼ po) de largeur
- 1 poivron jaune coupé de la même manière
- 1 poivron orange coupé de la même manière
- 1 ou 2 petits piments oiseaux au goût
- Sel et poivre du moulin
- 2 tomates moyennes, pelées, épépinées et coupées chacune en 4 tranches d'environ 0,5 cm (¼ po)
- Le zeste de ½ citron jaune coupé en fine julienne
- 2 à 4 gousses d'ail en fines lamelles
- 6 olives noires nature dénoyautées et coupées en 2
- 4 petits bouquets de persil ou 8 feuilles de coriandre
- Le jus de ½ citron jaune
- 2 c. à soupe d'huile de noisette

• Dessaler la morue au frigo pendant 48 h dans un grand bocal d'eau que l'on remplace toutes les 8 h. Bien l'assécher avant de l'utiliser. On peut aussi prendre de la morue fraîche, mais le plat est moins goûteux. La couper en 4 portions.

• Faire chauffer les deux tiers de l'huile d'olive dans une sauteuse, y déposer oignon, poivrons et piment et faire suer à feu vif tout en remuant afin de cuire également. Saler très légèrement et poivrer. Dès que les légumes sont tendres, réserver. Verser le reste de l'huile d'olive, répartir les tranches de tomate dans la sauteuse et, à feu doux, cuire jusqu'à ce qu'elles soient légèrement tendres. Réserver.

• Pendant ce temps, faire bouillir de l'eau dans une cocotte, ébouillanter le zeste et le laisser ainsi 1 min. Réserver.

• Faire chauffer le four à 230 °C (450 °F).

• Dresser le tout dans un plat de service dont les bords ont environ 5 cm (2 po) de hauteur de la façon suivante : répartir au fond du plat oignons et poivrons, ajouter 4 tranches de tomate, puis parsemer d'ail. Sur chaque tranche de tomate, mettre un pavé de morue, mettre une autre tranche de tomate sur chaque pavé, puis garnir du zeste de citron en julienne. Disposer 3 morceaux d'olive sur chaque pavé, garnir d'un petit bouquet de persil ou de coriandre préalablement plongé dans l'huile, puis piquer dans chaque portion un cure-dent pour retenir le tout. Cuire au four pendant 12 min au plus. À la sortie du four, arroser du jus de citron, puis de l'huile de noisette et servir dans des assiettes chaudes avec une spatule trouée de manière à laisser dans le plat de service le jus qui n'aura pas manqué de suinter.

Pavé de saumon aux citrons jaune et vert

4 portions

INGRÉDIENTS

- Le zeste de 1 citron jaune
- Le zeste de 1 citron vert
- Le jus d'au moins ½ citron jaune
- 60 ml (¼ tasse) d'huile de noisette
- 100 g (3 ½ oz) de beurre
- 1 c. à soupe de feuilles de marjolaine fraîche
- ½ c. à soupe de feuilles de menthe fraîche
- 1 c. à soupe d'huile de tournesol
- 1 filet de saumon de 650 g (env. 1 ½ lb) avec la peau
- Sel et poivre du moulin
- Piment d'Espelette séché ou paprika

PRÉPARATION

- Découper les zestes en très fine julienne. Jeter dans l'eau bouillante le zeste de citron jaune et le laisser environ 1 min. Égoutter et réserver.

- Dans un bol allant au micro-ondes, mettre le jus de citron, l'huile de noisette et le beurre. Réserver.

- Effeuiller la marjolaine. Effeuiller la menthe, puis hacher les feuilles grossièrement. Réserver.

- Dans une poêle antiadhésive, chauffer l'huile de tournesol à feu plutôt vif. Quand l'huile est chaude, déposer le filet de saumon côté peau vers le bas. Saler et poivrer. Laisser cuire de 3 à 5 min selon l'épaisseur. Mettre ensuite la poêle sous le gril très chaud de 1 à 2 min, jusqu'à ce que la chair du saumon ait blanchi. Retirer du feu et déposer dans une assiette de service bien chaude. Saupoudrer le filet du piment d'Espelette ou du paprika, puis y répartir les zestes en julienne.

- Entre-temps, mettre au micro-ondes le bol contenant huile, beurre et jus de citron et porter à ébullition. À l'aide d'un fouet, bien remuer pour émulsionner, puis ajouter menthe et marjolaine. Déposer dans une saucière chaude ou en napper le saumon avant de le servir avec ou sans la peau, délicieusement croquante, soit dit en passant. Accompagner d'un légume vert ou d'une salade verte.

LES FRUITS DE MER

Il en est des fruits de mer comme des poissons :
presque toutes les recettes réclament quelques gouttes de jus de
citron. On ne saurait servir de crevettes, d'huîtres, de homard,
de bulots, de bigorneaux ou de couteaux sans citron
ou sans mayonnaise… au citron.
Qui pourrait imaginer une sole grillée sans quelques gouttes
de jus de citron ou n'importe quel autre poisson grillé sans citron ?
On n'a pas besoin de recettes pour ces choses-là.
Le gros bon sens suffit.
Mais il y a des fruits de mer et des poissons qu'on peut cuisiner
avec un peu plus que ces quelques gouttes de jus de citron,
vert ou jaune. Je vous livre ici les recettes que j'ai mises au point
et que je refais semaine après semaine.

Calmars aux deux citrons

4 portions

- Environ 800 g (1 3/4 lb) de calmars ou de seiches
- 80 ml (1/3 tasse) d'huile d'olive
- 1 oignon jaune coupé en rondelles
- 1 poivron rouge coupé en rondelles
- 1 poivron vert coupé en rondelles
- 1 branche de céleri pelée et coupée en rondelles
- Le zeste de 1 citron jaune découpé en fine julienne
- Le zeste de 1 citron vert découpé en fine julienne
- 2 gousses d'ail hachées assez finement
- 125 ml (1/2 tasse) de vermouth blanc extra-dry dans lequel on dissout 1 c. à soupe de pâte de tomate
- 1 tomate pelée, épépinée et coupée en rondelles
- Sel et poivre
- Aneth et persil
- Une pincée de piment d'Espelette séché

• Bien parer les calmars ou les seiches, puis les rincer à grande eau pour enlever tout le sable qu'ils pourraient contenir. Découper les calmars en rondelles d'environ 0,5 cm (¼ po) ou les seiches en lanières. Dans une cocotte assez grande pour tout contenir, verser l'huile d'olive. À feu vif, en remuant, y faire suer l'oignon, puis les poivrons et le céleri afin de bien les attendrir.

• Pendant ce temps, faire bouillir de l'eau dans une petite cocotte. Dès qu'elle bout, y plonger le zeste de citron jaune en julienne et le laisser 30 sec, puis répéter l'opération pour le zeste de citron vert en julienne. Égoutter les zestes, puis les ajouter aux oignons et aux poivrons avec l'ail. À partir de ce moment, on ne remue plus. Faire cuire quelques minutes, puis verser le vermouth. Laisser évaporer presque entièrement, puis ajouter la tomate et les rondelles de calmar. Saler et poivrer. Couvrir et cuire 3 min, puis découvrir et cuire encore de 7 à 8 min. Ajouter l'aneth et le persil ainsi que le piment d'Espelette. Cuire 1 min.

• Mettre sur un réchaud et laisser reposer au moins 30 min avant de servir. On peut aussi retirer du feu et porter à ébullition plusieurs heures plus tard. Le plat est encore meilleur le lendemain. Il suffit de le mettre au froid, de le sortir du frigo au moins 2 à 3 h avant le repas et de le porter lentement à ébullition. Servir tel quel.

INGRÉDIENTS

Le riz citronné

- 1 c. à soupe d'huile d'olive
- 1 c. à soupe d'huile de noix ou de noisette
- 80 g (½ tasse) de riz basmati bien lavé et égoutté
- 1 gousse d'ail hachée finement
- 1 c. à soupe d'échalote française hachée finement
- Le zeste de ½ citron jaune coupé en fine julienne
- Le zeste de ½ citron vert coupé en fine julienne
- 3 c. à soupe de vermouth blanc extra-dry
- 250 ml (1 tasse) de bouillon de poulet bouillant
- 1 ½ c. à café (1 ½ c. à thé) de thym frais, effeuillé
- Sel et poivre du moulin

Crevettes grillées aux deux citrons et aux deux tomates

INGRÉDIENTS

LES CREVETTES

- 8 à 10 grosses crevettes
- 2 c. à soupe d'huile d'olive
- 1 c. à soupe d'huile de noix ou de noisette
- 1 c. à soupe de jus de citron jaune
- 1 c. à soupe de jus de citron vert
- Sel et poivre du moulin
- 1 gousse d'ail hachée finement
- 1 ½ c. à café (1 ½ c. à thé) de thym frais, effeuillé
- Une pincée de sucre
- Le zeste de ½ citron jaune coupé en fine julienne
- Le zeste de ½ citron vert coupé
- en fine julienne
- 1 tomate rouge et 1 tomate jaune pelées, épépinées et coupées en dés de 1 x 1 cm (env. ½ x ½ po)
- Une pincée de piment d'Espelette séché

PRÉPARATION

- Pour le riz citronné : Dans une cocotte de porcelaine émaillée d'au plus 1 litre (4 tasses) allant au four, faire chauffer les huiles, puis ajouter le riz et brasser à la cuillère de bois. Deux minutes plus tard, ajouter l'ail, l'échalote et les zestes. Faire cuire de 3 à 4 min en remuant constamment. Mouiller avec le vermouth, attendre qu'il s'évapore, ajouter le bouillon, le thym, le sel et le poivre, puis, dès que l'ébullition reprend, mettre au four à 180 °C (350 °F) pendant 20 min précises.

- Le riz est alors prêt à servir avec les crevettes.

- Pour les crevettes : Décortiquer et déveiner les crevettes, mais conserver la queue. Bien les laver, puis les éponger. Réserver. Dans un bol, verser les huiles et le jus des deux citrons. Ajouter le sel, le poivre, l'ail, le thym et la pincée de sucre de même que les zestes de citron jaune et de citron vert. Mélanger.

- Disposer crevettes et tomates dans un plat à gratin juste assez grand pour les contenir, puis verser le mélange précédent dessus en répartissant bien les zestes de citron en julienne. Au four, cuire à *broil* (pas trop près du gril, toutefois, afin de ne pas brûler les zestes) de 3 à 4 min, puis retourner les crevettes, assaisonner d'un peu de piment d'Espelette et remettre sous le gril à peu près 3 min.

- Servir avec le riz basmati citronné.

NOTE : Attention de bien coordonner la cuisson des crevettes, car celles-ci n'attendront pas !

Homard à la vapeur de citron et sa sauce au citron

Pour 4 à 6 petits homards

• Pour les homards : Dans une marmite assez grande pour contenir tous les homards et dont le couvercle ferme hermétiquement, mettre tous les ingrédients, sauf les homards et la sauce. Faire bouillir lentement jusqu'à ce que le mélange ait réduit de plus de la moitié. Monter à feu vif et, dès que le mélange fait de gros bouillons, mettre les homards et fermer le couvercle. Cuire environ 15 min. Sortir les homards, puis les couper en 2, alors qu'ils sont encore bien chauds. Retirer la poche à graviers située près de la tête, et l'intestin.

• Pendant que les homards cuisent, préparer la sauce.

• Pour la sauce : Dans un grand bol, mélanger tous les ingrédients de la sauce et faire chauffer au micro-ondes jusqu'à frémissement. Brasser avec une fourchette pour émulsionner, puis répartir dans de petits bols individuels. On peut faire réchauffer chaque bol avant de servir, si nécessaire.

• Servir le homard en demi-portions en réservant au chaud les autres portions. On mange le homard en trempant chaque bouchée de chair dans la sauce citronnée.

INGRÉDIENTS

LES HOMARDS

• 4 à 6 petits homards
• 500 ml (2 tasses) de vin blanc sec additionné d'une pincée de sucre ou 500 ml (2 tasses) de vermouth extra-dry sans sucre
• 250 ml (1 tasse) d'eau fraîche
• La moitié d'une branche de céleri
• 1 carotte coupée en rondelles
• Le zeste de 1 citron sans apprêt particulier
• 1 gousse d'ail épluchée et écrasée
• 1 feuille de laurier
• 1 branche d'aneth ou de fenouil
• 2 baies de genièvre
• Sel et poivre du moulin

LA SAUCE

• 60 ml (¼ tasse) d'huile d'olive extra-vierge
• 60 ml (¼ tasse) d'huile de noix ou de noisette
• 1 grosse noix de beurre
• 1 gousse d'ail émincée très finement
• Le jus de 1 citron
• Sel et poivre du moulin

Pétoncles au citron

INGRÉDIENTS

- 16 gros pétoncles ou 24 moyens
- Le zeste de 1 citron
- 3 c. à soupe d'huile de noisette
- 2 c. à soupe de beurre
- 3 gouttes de vinaigre balsamique de bonne qualité
- Sel et poivre du moulin

PRÉPARATION

• Laver les pétoncles à l'eau froide, puis les assécher dans une serviette. Réserver.

• Couper le zeste en fines lamelles. Dans une petite sauteuse, faire fondre l'huile et le beurre, ajouter le zeste en lamelles et le vinaigre balsamique et cuire à feu très doux pendant environ 3 min. Réserver.

• Dans une poêle assez grande pour contenir les pétoncles en une seule rangée, verser l'huile et le beurre dans lesquels a cuit le zeste et, à feu vif, faire revenir les pétoncles environ 3 min. Tourner les pétoncles. Saler et poivrer. Cuire de 2 à 3 min.

• Servir dans des assiettes chaudes et napper du zeste en lamelles et du peu de sauce qui reste dans la poêle.

• Garnir d'un légume vert ou de pommes de terre grelot nature.

Pétoncles aux oignons et au citron

2 portions

- Laver les pétoncles et bien les assécher. Réserver au frais. Enlever le zeste du citron et le couper en très fine julienne. Faire bouillir de l'eau dans une cocotte, y faire bouillir le zeste 30 sec, puis l'assécher.

- Éplucher les oignons et les trancher en rondelles assez fines. Dans une grande poêle, les faire cuire dans l'huile d'olive à feu vif en les remuant constamment jusqu'à ce qu'ils soient légèrement dorés. Quelques rondelles seront plus cuites, c'est bien. Vers la fin de la cuisson, saler et ajouter le zeste en julienne. On peut s'arrêter ici et reprendre la préparation quelques heures plus tard.

- Mélanger le vermouth au vinaigre et réserver. Remettre la poêle à feu vif en rangeant les oignons sur les bords. Mettre les pétoncles au centre, en une seule rangée. Les cuire très rapidement, au plus 2 min de chaque côté. Après les avoir retournés, ajouter l'ail et le poivre, saupoudrer du piment d'Espelette puis, après 1 min, déglacer avec le mélange vermouth-vinaigre balsamique. Ajouter le beurre et remuer légèrement.

- Servir immédiatement dans des assiettes très chaudes. Disposer les pétoncles au centre de l'assiette et mettre les oignons autour. Arroser les pétoncles de quelques gouttes d'huile de noisette. Servir tel quel avec du pain légèrement grillé ou avec une salade verte.

INGRÉDIENTS

- 10 à 12 pétoncles
- 1 citron
- 3 oignons jaunes
- 3 c. à soupe d'huile d'olive vierge
- Sel et poivre du moulin
- 60 ml (1/4 tasse) de vermouth blanc extra-dry
- 1 c. à café (1 c. à thé) de vinaigre balsamique de bonne qualité
- 1 gousse d'ail hachée finement
- Piment d'Espelette séché
- 1 c. à soupe de beurre
- 1 c. à soupe d'huile de noisette

LES VIANDES

Vous voulez rehausser vos abats et vos viandes
d'un petit goût dont vos invités parleront longtemps?
Ajoutez à la plupart quelques gouttes de jus de citron.
Encore là, il faut y aller avec discernement, mais c'est incroyable
ce qu'un peu de jus de citron ajoutera à une cervelle pochée,
à un foie grillé ou poêlé, à une côte de porc et ainsi de suite.
Il y a des recettes qui commandent beaucoup plus que
ces quelques gouttes et qu'on ne saurait réussir sans avoir
le citron généreux. Je vous livre donc mes favorites.

Escalopes de veau au citron

- À feu assez vif, faire chauffer l'huile dans une poêle. Pendant ce temps, passer les escalopes dans la farine, des deux côtés, et bien secouer l'excédent. Déposer les escalopes dans la poêle. Faire cuire quelques minutes, retourner, saler et faire cuire jusqu'à ce que des gouttes roses apparaissent à la surface des escalopes quand on les pique avec une fourchette.

- Poivrer les escalopes, les déposer dans une assiette, puis les garder au chaud. Enlever le surplus d'huile de la poêle. Hors du feu, déglacer au jus de citron et au vermouth en grattant bien tous les sucs au fond de la poêle. Ajouter le beurre et le persil en remuant bien. Napper les escalopes de la sauce et garnir des tranches de citron. Servir avec une salade verte ou un légume vert.

- 2 c. à soupe d'huile d'olive
- 2 escalopes de veau
- 45 g (⅓ tasse) de farine
- Sel
- Poivre du moulin
- 1 c. à soupe de jus de citron
- 2 c. à soupe de vermouth extra-dry
- 1 c. à soupe de beurre
- 1 c. à soupe de persil frais, haché finement
- 1 citron pelé à vif, épépiné et tranché en fines rondelles

Filet de porc au citron et aux champignons sauvages

2 portions

INGRÉDIENTS

- Le zeste de ¼ de citron coupé en julienne
- 1 gousse d'ail tranchée en 3 ou 4 morceaux
- 1 filet de porc
- 2 petits bouquets de sauge fraîche
- Sel et poivre
- 2 c. à soupe d'huile d'olive
- 1 c. à soupe d'huile de noix
- ½ oignon jaune coupé en dés
- 60 ml (¼ tasse) de vermouth blanc extra-dry
- 1 c. à soupe rase de farine
- 70 g (1 tasse) de divers champignons sauvages ou env. 15 g (⅓ tasse) de champignons séchés
- 1 tomate pelée, épépinée et coupée en dés
- Quelques graines de cumin
- 1 gousse d'ail émincée finement
- ½ c. à café (½ c. à thé) de zeste de citron haché finement

PRÉPARATION

- Préchauffer le four à 160 °C (325 °F).

- Ébouillanter le zeste de citron en julienne et le laisser ainsi environ 30 sec. Égoutter et assécher. Insérer les morceaux d'ail dans le filet avec la pointe d'un petit couteau. Mettre un bouquet de sauge sur le filet, y répartir le zeste en julienne, plier le filet en 2 et l'attacher avec de la corde à deux ou trois endroits. Saler, poivrer et faire mariner ainsi à température de la pièce de 2 à 3 h.

- Verser les huiles dans une petite cocotte juste assez grande pour contenir le filet et tous les ingrédients. Quand l'huile est chaude, y faire revenir le filet de tous les côtés ainsi que l'oignon. Déglacer au vermouth et laisser réduire de moitié. Saupoudrer le filet de farine. Ajouter les champignons sauvages grossièrement coupés ainsi que la tomate et tous les ingrédients qui restent. Couvrir et mettre au four pendant environ 45 min. Retourner le filet une fois ou deux en cours de cuisson.

NOTE : Si l'on utilise des champignons séchés, les réhydrater dans environ 125 ml (½ tasse) d'eau. Filtrer l'eau, la mélanger au vermouth et ajouter l'eau et le vermouth dans la cocotte pour déglacer.

Filet mignon de bœuf au citron

2 portions

- Sortir les filets et les laisser à température de la pièce au moins 4 h avant de les faire cuire. Mélanger 1 c. à soupe d'huile d'olive avec l'huile de noix ou de noisette. Après 2 h, enduire les filets de ce mélange d'huile. Saupoudrer chacune des faces de poivre noir et le faire adhérer à la viande en tapotant les filets du bout des doigts.

- Faire bouillir de l'eau dans une petite cocotte, puis y plonger le zeste en julienne pendant 30 sec. Égoutter et réserver.

- De 15 à 20 min avant de faire cuire les steaks, faire chauffer le reste de l'huile d'olive à feu assez vif dans une sauteuse ou une poêle et y faire suer l'oignon et le poivron en assaisonnant des baies de genièvre. Quand ils sont bien tendres, ajouter les tranches de tomate, le zeste, l'ail et la pincée de sucre. Saler au goût et cuire environ 5 min jusqu'à ce que la tomate soit tendre. Réserver au chaud.

- Dans une poêle à frire (pas de téflon) en fonte ou en cuivre, faire chauffer à feu vif l'huile de tournesol. Dès qu'elle est chaude, y déposer les deux filets. Cuire environ 3 min d'un côté, retourner et cuire à peu près 2 min (plus longtemps, si l'on souhaite avoir un steak à point).

- Dès que le steak est cuit, saler légèrement, puis verser le cognac dans la poêle brûlante. Laisser réduire complètement. Déposer les steaks dans des assiettes très chaudes, répartir également la garniture sur les steaks, puis les arroser d'un peu de jus de citron.

- On peut aussi servir avec quelques morceaux de pommes de terre sautées ou avec des frites.

INGRÉDIENTS

- 2 filets mignons d'au moins 3 cm (1 1/4 po) d'épaisseur
- 3 c. à soupe d'huile d'olive fruitée
- 1 c. à soupe d'huile de noix ou de noisette
- 2 c. à soupe de poivre noir grossièrement broyé
- Le zeste de 1 citron coupé en julienne
- 1 petit oignon jaune coupé en rondelles assez fines
- 1 poivron rouge coupé en rondelles de même épaisseur
- 2 baies de genièvre grossièrement broyées
- 1 grosse tomate pelée, épépinée et coupée en tranches
- 2 gousses d'ail coupées en fines lamelles
- Une pincée de sucre
- Sel
- 1 1/2 c. à soupe d'huile de tournesol
- 3 c. à soupe de cognac
- 1 c. à soupe de jus de citron

Gigot d'agneau ou de chevreau au citron

INGRÉDIENTS

- 1 gigot d'agneau ou de chevreau entier bien paré et débarrassé entièrement de son gras
- 3 gousses d'ail coupées chacune en 3 ou 4 morceaux
- Le zeste de ½ citron coupé en gros filaments
- 1 bouquet de romarin séparé en tout petits bouquets

LA MARINADE
- 2 c. à soupe de moutarde de Meaux
- 1 c. à soupe d'huile d'olive
- 1 c. à soupe de jus de citron
- Le zeste de ½ citron finement haché
- 1 c. à café (1 c. à thé) de sauce Worcestershire
- 1 bouquet de romarin finement haché
- 5 ou 6 baies de genièvre écrasées
- 5 ou 6 grains de coriandre séchée, écrasés
- 1 c. à café (1 c. à thé) de graines de cumin écrasées
- Sel et poivre du moulin

PRÉPARATION

• Dans une lèchefrite, mettre le gigot à température de la pièce. Préchauffer le four à 230 °C (450 °F).

• Pour la marinade : Mélanger tous les ingrédients pour en faire une marinade épaisse. Si elle est trop épaisse pour être tartinée sur le gigot, ajouter un peu plus de jus de citron.

• Quand le gigot est vraiment à température de la pièce et qu'il est paré, y faire des incisions. Insérer dans chacune d'entre elles un morceau d'ail, un filament de zeste de citron et un petit bouquet de romarin. Laisser reposer dans la lèchefrite au moins 4 h à température de la pièce.

• Mettre le gigot pendant 15 min dans le bas du four préchauffé. Diminuer la température du four à 180 °C (350 °F) et cuire encore 60 min. Éteindre le four, laisser évacuer une partie de la chaleur en ouvrant la porte, refermer, puis laisser reposer le gigot environ 30 min avant de le servir, accompagné d'un légume vert ou de tomates cuites au four.

Poulet rôti aux deux citrons

4 portions

• Enlever la moitié du zeste de chacun des deux citrons. Conserver les citrons. Hacher finement le zeste. Mettre les deux huiles dans un récipient, ajouter le romarin, le zeste et le jus d'ail pressé au presse-ail. Réserver. Piquer à la fourchette les deux citrons à plusieurs endroits. Réserver.

• Avec un linge propre, bien essuyer le poulet à l'extérieur comme à l'intérieur. Puis, avec les mains, bien l'enduire de sel et de poivre à l'intérieur. Mettre les deux citrons dans la cavité avec la branche de romarin. Recoudre sommairement. À l'aide d'un pinceau, enduire le poulet du mélange d'huile, d'ail et de zeste. Déposer le poulet sur une grille dans une lèchefrite, dos en bas, et mettre au four à 220 °C (425 °F). Après 20 min, diminuer la température du four à 160 °C (325 °F). Cuire encore environ 1 h. Découper et servir le poulet dans son jus avec un légume au choix.

INGRÉDIENTS

- 1 citron vert
- 1 citron jaune
- 1 c. à soupe d'huile d'olive
- 1 c. à soupe d'huile de noix
- 1 c. à soupe de romarin frais, haché finement
- 2 gousses d'ail pelées
- 1 poulet de grain d'environ 1,5 kg (3 1/4 lb)
- Sel et poivre du moulin
- 1 branche de romarin frais

LES PÂTES

Longtemps j'ai fait mes pâtes moi-même.
J'ai mis fin à cette pratique qui demande beaucoup de temps et de
patience. Je continue néanmoins de faire les pâtes de la lasagne
(une fois l'an au plus) parce que des pâtes aussi larges
ne demandent pas trop d'efforts.
Je n'ai pas mis fin à ma fabrication artisanale uniquement par paresse
ou par manque de temps. C'est qu'on trouve aujourd'hui dans le
commerce de très bonnes pâtes sèches, les Cipriani étant de loin
les meilleures... et les plus chères.
Hélas! on n'en trouve que dans quelques grandes capitales
européennes et dans la région de Venise où elles sont fabriquées.
Les pâtes n'ont pas besoin de citron. Pauvres elles!
Si elles savaient de quoi elles se privent! Parfois, j'ajoute un peu de
zeste de citron haché finement dans mes pâtes au saumon fumé
ou dans les pâtes au pistou. Le risotto, c'est pareil. Il n'a pas besoin
de citron, encore qu'un peu de zeste haché finement relève bien la
saveur d'un risotto aux champignons ou aux fruits de mer.
Il y a néanmoins deux recettes de pâtes au citron assez étonnantes
et goûteuses pour que je vous les fasse partager.
La deuxième recette est une espèce de dérivé des
fettucines Alfredo... mais au citron!
Ces pâtes font de jolies entrées pour peu qu'on
en serve des demi-portions.

Fettucines au citron

INGRÉDIENTS

- 250 ml (1 tasse) de crème épaisse
- 80 ml (⅓ tasse) de beurre salé
- Le zeste de 4 citrons finement râpé
- 90 g (¾ tasse) de parmesan fraîchement râpé
- Sel
- Piment d'Espelette séché
- 500 g (env. 1 lb) de fettucines

• Dans une casserole en fonte émaillée assez grande pour contenir les pâtes, mettre la crème avec le beurre et le zeste. Faire réduire à feu très, très doux pendant une bonne demi-heure. La crème ne doit ni tourner ni brunir. Ajouter le parmesan, laisser fondre pendant 5 ou 6 min à température très basse toujours, saler et ajouter du piment d'Espelette au goût.

• Cuire les pâtes dans l'eau bouillante salée. Quand elles sont cuites, les égoutter et les mettre dans la casserole. Mélanger et servir immédiatement dans des assiettes très chaudes.

Pennes ou fettucines aux deux citrons

4 à 5 portions

• Mettre l'ail, les zestes, les huiles et les feuilles de basilic dans un robot culinaire, puis réduire en purée en ajoutant graduellement le jus des citrons et le parmesan. Il s'agit d'obtenir une purée épaisse et la plus lisse possible, comme une sauce au pistou. Saler et poivrer.

• Cuire les pâtes dans l'eau bouillante salée. Dès que les pâtes sont cuites, les égoutter, ajouter la sauce et mélanger. Servir immédiatement.

- 3 gousses d'ail hachées finement
- Le zeste de 1 citron jaune haché finement et le jus du citron
- Le zeste de 1 citron vert haché finement et le jus du citron
- 3 c. à soupe d'huile d'olive extra-vierge
- 3 c. à soupe d'huile de noisette ou de noix
- 1 gros bouquet de basilic très frais
- 90 g ($^3/_4$ tasse) de parmesan fraîchement râpé
- Sel et poivre du moulin
- 500 g (env. 1 lb) de pennes ou de fettucines

LES DESSERTS ET LES CONSERVES

J'aurais pu vous donner quatre fois plus de recettes de dessert
qui contiennent du citron, mais j'ai préféré vous offrir celles
que je préfère et que j'ai faites tant et plus.
Je vous épargne toutes les recettes de salades de fruits
ou de fruits frais, car qui a le moindre instinct culinaire
n'a pas besoin d'un livre pour les réussir. Il vous suffit de savoir
qu'à peu près tous les fruits frais gagnent à être arrosés de quelques
gouttes de jus de citron. Si ce n'est pas pour en relever
la saveur, c'est pour les empêcher de s'oxyder.
Il n'y a pas vraiment de règle, mais je vous en suggère une :
sur les fruits tropicaux ou semi-tropicaux (mangue, papaye,
ananas, kiwis, plaquemines, etc.), préférez des gouttes
de citron vert et, sur tous les autres, un peu de jus de citron jaune.
Certains fruits frais ne sauraient se passer de jus de citron,
les papayes et les kakis en sont un parfait exemple.

Biscuits aux deux citrons

Donne 4 douzaines de biscuits

INGRÉDIENTS

- 600 g (4 tasses) d'amandes blanchies
- 210 g (1 tasse) de sucre
- 1 c. à soupe de zeste de citron jaune haché finement
- 1 c. à soupe de zeste de citron vert haché finement
- 1 c. à café (1 c. à thé) de levure chimique
- ½ c. à café (½ c. à thé) d'essence d'amande
- 125 ml (½ tasse) de marmelade de citron
- 1 c. à soupe de miel doux
- 1 c. à soupe de Limoncello ou de kirsch
- 2 blancs d'œufs légèrement battus
- Sucre pour décorer

PRÉPARATION

• Préchauffer le four à 160 °C (325 °F).

• Mettre dans un robot culinaire les quatre cinquièmes des amandes avec le sucre, les zestes, la levure et l'essence d'amande, puis les réduire presque en poudre. Éclaircir la marmelade avec le miel et le Limoncello ou le kirsch.

• Ajouter les blancs d'œufs et la marmelade, puis faire tourner jusqu'à l'obtention d'une boule de pâte assez collante, merci. Prendre une cuillère à soupe de pâte, la façonner en petite boule dans les paumes de la main, puis l'étendre sur une plaque à biscuits recouverte d'un papier parcheminé. Laisser au moins 3 cm (1 bon pouce) entre les boules. Avec le bout d'un doigt mouillé, aplatir chaque boule, puis la décorer d'une amande.

• Cuire au centre du four environ 20 min ou jusqu'à ce que les biscuits soient joliment dorés. Sortir du four et saupoudrer de sucre. Laisser refroidir les biscuits avant de les ranger dans une boîte de fer-blanc.

NOTE : Ces biscuits se conservent près de 2 semaines à température de la pièce… à condition d'en éloigner les gourmands!

Cake au citron

INGRÉDIENTS

- 4 c. à soupe de zeste de citron jaune
- 1 c. à soupe de zeste de citron vert
- 215 g (1 ²/₃ tasse) de farine tout usage
- Une pincée de sel
- 2 c. à café (2 c. à thé) de levure chimique
- 8 c. à soupe de beurre doux
- 210 g (1 tasse) de sucre
- 2 œufs
- 125 ml (¹/₂ tasse) de lait
- ¹/₂ c. à café (¹/₂ c. à thé) d'essence d'amande
- 1 c. à café (1 c. à thé) d'extrait de vanille blanche
- 3 c. à soupe de jus de citron
- 2 c. à soupe de Limoncello
- 1 c. à soupe de sucre vanillé*

* Vous aurez toujours du sucre vanillé si vous gardez dans une boîte de métal du sucre auquel vous ajoutez une gousse de vanille.

Dans une famille anglaise qui se respecte, on ne saurait servir le thé sans l'accompagner d'un généreux morceau de cake au citron qu'en Angleterre on appelle lemon pound cake. *Un bon British ne saurait non plus s'en passer au petit-déjeuner. En fait, le* lemon pound cake *est aussi britannique que le drapeau et la reine, ce qui n'empêche ni les républicains ni les buveurs de café de l'apprécier.*

• Préchauffer le four à 180 °C (350 °F). Beurrer et enfariner un moule à pain de 10 x 20 cm (4 x 8 po).

• Hacher très finement le zeste des citrons. Réserver la moitié du zeste de citron pour la pâte. Mélanger le reste du zeste des deux citrons et réserver pour la décoration.

• Bien tamiser la farine avec le sel et la levure. Réserver. Au batteur électrique, fouetter le beurre doux dans un bol, ajouter 160 g (¾ tasse) de sucre, puis fouetter de nouveau jusqu'à consistance légère. Réduire la vitesse, puis mélanger un œuf à la fois, ajouter le lait, l'essence d'amande, la vanille et le zeste ainsi que la farine tamisée. Quand la farine est bien incorporée, verser la préparation dans le moule, l'égaliser et l'enfourner de 45 à 50 min. Dès que le cake est cuit, le sortir du four et le laisser refroidir environ 10 min avant de démouler.

• Entre-temps, faire chauffer le jus de citron et le reste du sucre jusqu'à ce qu'il soit bien dissous, ajouter le Limoncello et le mélange de zeste de citron jaune et vert réservé. Avec une fourchette, piquer le dessus du cake à plusieurs endroits puis, à l'aide d'un pinceau, badigeonner le cake du mélange chaud. Quand c'est terminé, saupoudrer du sucre vanillé. Servir à température de la pièce.

Cake canadien-anglais au citron

Environ 8 portions

Est-il meilleur que celui qu'on fait en Angleterre ou est-ce un rejeton un peu dégénéré ? Je vous conseille d'essayer l'un et l'autre. Vous risquez par la suite de préparer parfois l'un, parfois l'autre.

• Pour le gâteau : Préchauffer le four à 180 °C (350 °F). Beurrer et enfariner un moule à pain de 10 x 20 cm (4 x 8 po).

• Réduire le beurre en crème, ajouter le sucre, bien mélanger, ajouter les œufs un par un, puis mélanger jusqu'à consistance légère. Réserver. Tamiser ensemble farine, sel et levure, puis mélanger avec le zeste et les noix. Ajouter ce mélange au premier en alternant avec le lait. Verser dans le moule à cake beurré et enfariné. Faire cuire au four environ 1 h.

• Pour le sirop : Pendant la cuisson du cake, préparer le sirop. Faire chauffer légèrement le jus de citron et le Limoncello ou le kirsch, puis y faire fondre le sucre.

• Dès que la pâte ne colle plus quand on la pique avec un cure-dent, sortir le cake du four. Laisser reposer quelques minutes, démouler, puis piquer le dessus du cake à plusieurs endroits avec un cure-dent avant de le badigeonner de tout le sirop à l'aide d'un pinceau. Laisser refroidir avant de servir. Se conserve au frigo pendant une bonne semaine.

INGRÉDIENTS

LE GÂTEAU

- 115 g (½ tasse) de beurre à température de la pièce
- 210 g (1 tasse) de sucre
- 2 œufs
- 195 g (1 ½ tasse) de farine tout usage
- Une pincée de sel
- 2 c. à café (2 c. à thé) de levure chimique
- Le zeste de 1 citron haché finement
- 55 g (½ tasse) de noix de Grenoble hachées
- 125 ml (½ tasse) de lait

LE SIROP

- Le jus de 1 citron
- 2 c. à soupe de Limoncello ou 1 c. à soupe de kirsch
- 70 g (⅓ tasse) de sucre

Carrés aux deux citrons

INGRÉDIENTS

La croûte

- 230 g (1 ¾ tasse) de farine tout usage
- 30 g (¼ tasse) de sucre en poudre
  ou 60 g (¼ tasse) de cassonade
- Une pincée de sel
- 150 g (⅓ lb) de beurre doux

La garniture

- 3 œufs
- 260 g (1 ¼ tasse) de sucre
- 1 c. à soupe de zeste de citron jaune
  finement haché
- Le jus de 1 gros citron jaune
- 1 c. à soupe de Limoncello
- 45 g (⅓ tasse) de farine
- ½ c. à café (½ c. à thé) de levure
  chimique
- 6 gouttes d'essence de citron
- 1 c. à soupe de miel
- Sucre et 1 c. à soupe de zeste de citron
- vert finement haché pour la décoration
  (facultatif)

PRÉPARATION

• Pour la croûte : Préchauffer le four à 180 °C (350 °F). Tamiser ensemble la farine, le sucre, la cassonade et le sel. Dans un grand bol, à l'aide d'un coupe-pâte (ou au robot culinaire), mélanger le beurre et le mélange de farine jusqu'à l'obtention d'une pâte grumeleuse. Étendre ce mélange dans un moule carré d'environ 23 cm (9 po), non graissé, puis cuire au four environ 15 min ou jusqu'à ce que la croûte soit bien dorée.

• Pour la garniture : Pendant que la croûte cuit, préparer la garniture. Dans un grand bol, battre les œufs en ajoutant un œuf à la fois et y mélanger le sucre, puis ajouter le zeste. Réserver. Dans un petit bol, mélanger le jus de citron et le Limoncello (si on n'a pas de Limoncello, on le remplace par du jus de citron), puis incorporer au mélange précédent. Tamiser la farine et la levure, puis bien incorporer à la garniture et ajouter l'essence de citron. Étendre la garniture sur la croûte et faire cuire au four à 180 °C (350 °F) environ 25 min ou jusqu'à ce qu'elle soit ferme.

• Faire chauffer le miel. Dès que le plat sort du four, badigeonner délicatement de miel à l'aide d'un pinceau.

• Laisser refroidir sur une grille puis, avec un couteau fin, couper les carrés. Si on le désire, les saupoudrer de sucre mélangé avec le zeste de citron vert, pour décorer.

Crème glacée au citron

Donne environ 1 litre (4 tasses)

- **Pour le sirop :** Mettre tous les ingrédients du sirop, sauf le Limoncello, dans une petite cocotte de porcelaine émaillée ou d'acier inoxydable et faire bouillir de 5 à 10 min en remuant. Verser le Limoncello, retirer du feu et laisser refroidir.

- **Pour la crème glacée :** Fouetter à la main (ou au batteur électrique) le jaune d'œuf, ajouter l'œuf entier et le sel, battre, puis verser la crème et fouetter jusqu'à consistance d'une crème fouettée très molle. Ajouter ensuite le sirop tout en fouettant, puis mettre dans la sorbetière, selon les instructions du fabricant.

- Faire refroidir les coupes ou les assiettes avant de servir la crème glacée, car celle-ci a tendance à ramollir rapidement.

LE SIROP

- Le jus de 2 citrons jaunes passé au tamis
- 3 c. à soupe de miel
- 70 g ($^1/_3$ tasse) de sucre
- 45 g ($^1/_4$ tasse) de cubes d'écorce de citron confit
- $^1/_2$ c. à café ($^1/_2$ c. à thé) d'essence d'amande
- 1 c. à soupe de zeste de citron vert haché finement
- 1 c. à soupe de Limoncello

LA CRÈME GLACÉE

- 1 jaune d'œuf
- 1 œuf entier
- Une pincée de sel
- 500 ml (2 tasses) de crème à fouetter

Crêpes au citron

LES CRÊPES

- 125 ml (½ tasse) d'eau froide
- 125 ml (½ tasse) de jus de citron
- 2 œufs entiers
- 1 jaune d'œuf
- Une pincée de sel
- 1 c. à soupe de sucre
- 130 g (1 tasse) de farine tout usage tamisée deux fois
- 2 c. à soupe de beurre fondu
- 2 c. à soupe de Limoncello

LA GARNITURE

- Le zeste de 2 citrons haché finement
- 50 g (¼ tasse) de sucre fin
- 180 ml (¾ tasse) de bon cognac

Vous en avez assez des crêpes Suzette que tout le monde vous sert en croyant vous épater ? Voici des crêpes qui impressionneront vos invités et qui n'ont rien des éternelles Suzette ! Si on le souhaite, on peut préparer les crêpes plus tôt et les faire réchauffer ensuite. C'est presque aussi bon.

• Pour les crêpes : Dans le mélangeur, mettre les ingrédients dans l'ordre, à l'exception du beurre et du Limoncello. Couvrir et battre à haute vitesse pendant 2 à 3 min. Avec une spatule, dégager la farine qui adhère encore aux bords du contenant et battre quelques secondes de plus. Ajouter le beurre fondu et le Limoncello et battre encore quelques secondes. Mettre au réfrigérateur pendant une demi-journée au moins.

• Avant de faire cuire la pâte à crêpes, il faut s'assurer qu'elle a à peu près la consistance de la crème. Sinon, ajouter un peu d'eau et de jus de citron et bien mélanger avec une fourchette ou une cuillère de bois.

• Faire cuire les crêpes sans beurre (ou presque) dans une poêle à crêpes antiadhésive et réserver au chaud.

• Pour la garniture : Plier chaque crêpe en 4, puis les mettre dans un plat de service qui supporte bien la chaleur (ou dans une sauteuse et les transférer ensuite dans un plat de service). Parsemer également les crêpes de zeste et de sucre, puis faire chauffer les crêpes légèrement. Pendant ce temps, bien réchauffer le cognac. Verser le cognac sur les crêpes. À l'aide d'une allumette, faire flamber, puis éteindre quand à peu près la moitié de l'alcool a disparu. Servir immédiatement dans des assiettes chaudes.

Gâteau au citron et à la banane

Aucun gâteau au citron n'égale celui-ci. D'allure délicieusement kitsch, il est léger comme un nuage et chaque invité qui n'en voudra qu'un petit morceau en redemandera. Mais, pour le faire, il faut une certaine patience... qui sera plus que récompensée.

• Préchauffer le four à 180 °C (350 °F).

• Pour le gâteau : Bien fouetter (au batteur électrique ou au fouet) le beurre, la cassonade et le sucre. Ajouter les œufs l'un après l'autre en continuant de fouetter, puis mettre le zeste. Réserver. Tamiser ensemble la farine, la levure et le sel. Réserver. Écraser à la fourchette les bananes, ajouter le lait, les essences de vanille, d'amande et de coco ainsi que le Limoncello ou le kirsch. Réserver. Tout en fouettant le premier mélange, incorporer graduellement la farine et les bananes. Ajouter les noix.

• Verser la préparation dans deux moules à gâteau d'environ 23 cm (9 po) de diamètre à fond amovible généreusement beurrés et enfarinés. Égaliser la préparation, puis cuire au four environ 35 min. Lorsque la pâte à gâteau ne colle plus quand on la pique avec un cure-dent ou la pointe d'un couteau, sortir les gâteaux du four. Laisser refroidir de 5 à 10 min avant de démouler.

• Pour la décoration : Faire blanchir le zeste du citron jaune dans l'eau bouillante pendant 1 min. Bien égoutter, ajouter le zeste de citron vert, mouiller avec le Limoncello, parsemer de sucre, puis laisser revenir à température de la pièce après les avoir bien étalés avec deux fourchettes. Réserver.

• Pour le glaçage : Fouetter le beurre jusqu'à ce qu'il devienne crémeux, ajouter graduellement le sucre à glacer, le zeste, le jus de citron et le Limoncello.

• Étaler sur le premier gâteau une généreuse couche de Lemon Curd du pauvre. Déposer l'autre gâteau par-dessus, puis étaler le glaçage sur le dessus et sur les côtés des gâteaux. Décorer avec les zestes en julienne.

PRÉPARATION

INGRÉDIENTS

LE GÂTEAU

- 125 g (½ tasse) de beurre doux à température de la pièce
- 100 g (env. ½ tasse) de cassonade
- 200 g (env. 1 tasse) de sucre blanc
- 2 œufs
- 1 c. à soupe comble de zeste de citron haché finement
- 260 g (2 tasses) de farine tamisée
- 1 ½ c. à café (1 ½ c. à thé) de levure chimique
- Une pincée de sel
- 3 bananes bien mûres
- 3 c. à soupe de lait
- 1 c. à café (1 c. à thé) d'essence de vanille
- ¼ c. à café (¼ c. à thé) d'essence d'amande
- ½ c. à café (½ c. à thé) d'extrait de noix de coco
- 1 c. à soupe de Limoncello ou de kirsch
- 80 g (¾ tasse) de noix de Grenoble hachées finement

LA DÉCORATION

- Le zeste de ½ citron jaune coupé en très fine julienne
- Le zeste de ½ citron vert coupé en très fine julienne
- 1 c. à soupe de Limoncello
- 1 c. à soupe de sucre

INGRÉDIENTS

LE GLAÇAGE

- 125 g (½ tasse) de beurre doux à température de la pièce
- 450 g (3 ½ tasses) de sucre à glacer
- 1 c. à soupe comble de zeste de citron haché finement
- 5 c. à soupe de jus de citron
- 2 c. à soupe de Limoncello

- Lemon Curd du pauvre (voir p. 85) au goût

Lemon Curd (sauce au citron)

Donne 500 ml (2 tasses)

PRÉPARATION

- 115 g (¹/₄ lb) de beurre doux
- 160 g (³/₄ tasse) de sucre
- 125 ml (¹/₂ tasse) de jus de citron passé au chinois fin
- 3 c. à soupe de zeste de citron haché très finement
- Une pincée de sel
- 1 c. à soupe de Limoncello (facultatif)
- 6 jaunes d'œufs battus

Il n'y a pas vraiment de traduction pour lemon curd. *Cette sauce si onctueuse est un véritable velours en bouche. Et en plus d'être bien sensuelle, cette préparation est d'un jaune qui n'a d'égal que les pétales des tulipes ou des roses jaunes. Un petit bocal de* lemon curd *maison que l'on offre vaut mieux qu'une coûteuse bouteille. D'invention anglaise, cette sauce à elle seule peut presque démentir l'adage que les Anglais ne savent pas cuisiner. Elle est délicieuse sur des toasts ou des muffins, on peut l'utiliser comme garniture de meringue ou de gâteau ou même comme glaçage à gâteau. Le* lemon curd *peut se faire directement sur un des feux de la cuisinière ou au bain-marie. Je préfère la dernière façon.*

• Faire fondre le beurre dans un bain-marie où l'eau frémit à peine (ou à feu très doux, si on travaille sur la cuisinière). À l'aide d'un fouet, y mélanger tous les ingrédients (incluant le Limoncello, si désiré), sauf les jaunes d'œufs. Quand le sucre est dissous et que le mélange est bien lisse, y ajouter les jaunes graduellement tout en fouettant. Continuer de fouetter jusqu'à ce que la sauce ait la consistance de la crème épaisse. Mais attention, elle ne doit jamais bouillir.

• Si l'on veut offrir cette succulente préparation, retirer du feu et mettre immédiatement dans des bocaux stérilisés.

• Dans le cas contraire, retirer du feu, amener à température de la pièce en fouettant occasionnellement, puis réfrigérer.

NOTE : Se conserve au moins 3 semaines au frigo et au moins 2 mois au congélateur.

Lemon Curd du pauvre

Donne 500 ml (2 tasses)

- Une pincée de sel
- 160 g (³/₄ tasse) de sucre
- 2 ¹/₂ c. à soupe de fécule de maïs ou de maïzena
- 125 ml (¹/₂ tasse) d'eau
- 1 c. à soupe de Limoncello (facultatif)
- 3 c. à soupe de jus de citron tamisé
- 1 c. à café (1 c. à thé) de zeste de citron haché finement
- 1 grosse c. à soupe de beurre doux
- 3 jaunes d'œufs battus

• Dans le haut d'un bain-marie, mettre le sel, le sucre et la fécule, puis ajouter, tout en fouettant, l'eau, le Limoncello, si désiré, le jus de citron, le zeste et le beurre. Fouetter ainsi pendant 5 min. Couvrir et cuire 10 min, mais attention, la sauce ne doit jamais bouillir. Retirer du feu et ajouter les jaunes d'œufs en fouettant. Cuire encore environ 2 min en continuant de fouetter. Retirer du feu et fouetter jusqu'à ce que la sauce soit à température de la pièce.

NOTE : Se conserve une bonne semaine au frigo.

Poires aux citrons jaune et vert

INGRÉDIENTS

- 125 ml (½ tasse) de vermouth blanc extra-dry
- 60 ml (¼ tasse) de miel
- 1 bâton de cannelle
- 1 c. à café (1 c. à thé) d'extrait de vanille blanche
- ½ c. à café (½ c. à thé) d'essence d'amande
- 1 c. à café (1 c. à thé) d'extrait de noix de coco
- Le jus de ½ citron vert
- Quelques grains de sel
- Le zeste de ½ citron jaune coupé en fine julienne
- 3 grosses poires ou 4 poires de grosseur moyenne
- 2 c. à soupe de gelée de cassis ou, à défaut, de gelée de pommes
- 2 c. à soupe d'alcool de poire
- ¼ c. à café (¼ c. à thé) de muscade fraîchement râpée
- 60 ml (¼ tasse) de crème épaisse

PRÉPARATION

- Dans une casserole de cuivre ou de porcelaine émaillée, mettre le vermouth et le miel, le bâton de cannelle et les essences de vanille, d'amande et de coco ainsi que le jus de citron vert et le sel.

- Faire bouillir pendant 1 min le zeste de citron, puis l'ajouter au mélange précédent. Couvrir et faire bouillir jusqu'à ce que le sirop ait diminué de moitié.

- Pendant ce temps, éplucher les poires en gardant la queue, les couper en 4 quartiers, puis enlever le cœur. Déposer les quartiers de poire dans le sirop, bien les enrober en les tournant à quelques reprises, ajouter la gelée, couvrir et cuire à feu plutôt vif jusqu'à ce que les poires soient tendres.

- Enlever le couvercle, ajouter l'alcool de poire, puis la muscade. Vider dans un compotier. Servir chaud ou tiède dans des assiettes creuses en couronnant chaque portion de 2 c. à soupe de crème épaisse.

Pommes confites aux aromates et au citron

Environ 10 à 12 portions

• **Pour les pommes :** Peler les pommes, puis enlever le cœur. Mettre tous les aromates dans un petit morceau de mousseline à fromage, puis attacher le tout en formant un sachet. Dans une cocotte de cuivre ou d'acier inoxydable assez grande pour contenir les pommes en une seule rangée, vider la bouteille de vin et ajouter le sucre. Faire chauffer à feu doux en brassant avec une cuillère de bois jusqu'à ce que le sucre soit bien dissous. Pendant ce temps, ébouillanter le zeste en julienne et le laisser ainsi 30 sec. Égoutter. Réserver. Quand le sucre est bien dissous, augmenter le feu sous la cocotte, ajouter le sel et les essences d'amande et de vanille, puis y déposer les pommes, le zeste de citron et le sachet d'aromates. Amener à bon frémissement. Garder ainsi à frémir pendant environ 2 h. Un peu plus, si nécessaire. Le vin doit avoir réduit de plus de la moitié.

• **Pour la garniture :** Servir ce dessert tiède ou froid avec de la crème chantilly très légèrement sucrée à laquelle on aura ajouté, au goût, du zeste de citron et une larme de kirsch ou de calvados.

INGRÉDIENTS

LES POMMES

• 6 à 8 pommes acidulées (de type Granny Smith, Cortland ou Spartan)
• 4 étoiles d'anis
• 4 graines de cardamome
• 1 bâton de cannelle
• 6 clous de girofle
• 1 morceau de gingembre légèrement écrasé
• ½ noix de muscade coupée en 4 ou 5 morceaux
• 1 bouteille de bon vin rouge (de type Bordeaux)
• 420 g (2 tasses) de sucre
• Le zeste de 1 citron jaune coupé en fine julienne
• Une pincée de sel
• 1 c. à café (1 c. à thé) d'essence d'amande
• 1 c. à café (1 c. à thé) d'essence de vanille

LA GARNITURE

• Crème chantilly
• Un soupçon de sucre
• Zeste de citron haché finement
• Une larme de kirsch ou de calvados

Pommes dans le sirop

2 portions

- Mettre le zeste des citrons dans l'eau bouillante et faire bouillir 1 min. Égoutter et réserver les zestes.

- Verser le miel et le vermouth dans une cocotte et faire bouillir à couvert, à feu moyen. Dès que le mélange bout, y ajouter les zestes réservés, la cannelle, le sel, le gingembre, l'anis, les clous de girofle, la muscade, les graines de cardamome ainsi que les essences de vanille et de coco. Toujours faire bouillir lentement de 10 à 12 min à couvert. Épaissir avec la fécule, puis ajouter les raisins. Continuer de faire bouillir à feu doux.

- Pendant ce temps, faire blondir les amandes dans une poêle et réserver.

- Éplucher les pommes, les couper en 2, enlever le cœur et le nombril, puis les couper en tranches de 0,5 cm (¼ po) d'épaisseur, dans le sens transversal du fruit.

- Quand le sirop a diminué d'environ la moitié, le débarrasser de toutes les épices, sauf du bâton de cannelle. Y verser les pommes, les parsemer de cassonade, couvrir de nouveau et cuire à feu vif jusqu'à ce que les pommes soient tendres quand on les pique. À la fin, ajouter le kirsch.

- Verser les pommes dans un compotier ou dans un plat de service creux, parsemer d'amandes et servir tiède en garnissant les pommes d'une bonne cuillerée de crème fraîche. Accompagner d'une tuile ou d'une madeleine.

INGRÉDIENTS

- Le zeste de 1 citron jaune coupé en julienne
- Le zeste de 1 citron vert coupé en julienne
- 125 ml (½ tasse) de miel
- 250 ml (1 tasse) de vermouth blanc extra-dry
- 1 bâton de cannelle
- Une petite pincée de sel
- Un petit morceau de gingembre pelé et coupé en rondelles
- 1 ou 2 étoiles d'anis
- 4 clous de girofle
- ⅓ de noix de muscade coupée en 3 ou 4 morceaux
- 4 graines de cardamome
- 1 c. à café (1 c. à thé) d'extrait de vanille blanche
- 1 c. à café (1 c. à thé) d'extrait de noix de coco
- ½ c. à soupe de fécule de maïs dissoute dans un peu d'eau
- 40 g (¼ tasse) de raisins secs dorés
- 1 c. à soupe comble d'amandes blanchies et effilées
- 5 à 7 pommes Golden Russett (selon la grosseur)
- 1 c. à soupe de cassonade foncée
- 2 c. à soupe de kirsch
- Crème fraîche épaisse pour la garniture

INGRÉDIENTS

- 3 œufs
- 60 g (¼ tasse) de beurre mou
- 210 g (1 tasse) de sucre
- 1 c. à soupe de Limoncello
- 1 c. à soupe de zeste de citron haché finement
- 30 g (¼ tasse) de farine
- 1 ½ c. à café (1 ½ c. à thé) de levure chimique
- 60 ml (¼ tasse) de jus de citron
- 180 ml (¾ tasse) de lait
- Sucre à glacer

PRÉPARATION

• Faire chauffer le four à 180 °C (350 °F), beurrer et enfariner un moule à soufflé. Séparer les blancs d'œufs des jaunes. Réserver les blancs.

• Bien mélanger le beurre, le sucre, les jaunes d'œufs, le Limoncello et le zeste de citron jusqu'à ce que le mélange soit onctueux. Ajouter la farine tamisée avec la levure et bien mélanger. Verser le jus de citron et le lait en alternance en continuant à bien mélanger. Battre les blancs en neige, puis, à l'aide d'une spatule, y incorporer l'autre préparation. Verser dans le plat à soufflé. Déposer le plat dans un récipient d'eau bouillante. L'eau doit arriver à peu près à mi-hauteur du plat.

• Cuire au four environ 35 min ou jusqu'à ce que le pouding soit bien doré. Avant de servir, saupoudrer généreusement de sucre à glacer.

Sorbet au citron

Donne 1 litre (4 tasses)

Pour ce sorbet, comme pour celui qui suit, il faut du sirop à 28 degrés. Il se fait tout seul ou presque.

• Pour le sirop à 28 degrés : Mettre le sucre et l'eau dans une casserole et porter à ébullition à feu vif, tout en remuant avec une cuillère de bois. Quand le sirop bout à gros bouillons, retirer du feu et laisser refroidir. Garder au frigo dans un bocal hermétique… plusieurs mois si vous le désirez !

• Pour le sorbet : Passer le jus au tamis pour le débarrasser de toutes ses fibres ou morceaux de chair. Le verser dans un bol, ajouter l'eau minérale, le sirop à 28 degrés, le sel, le zeste et le Limoncello. Mélanger avec une cuillère de bois et mettre dans la sorbetière.

• Lorsque le mélange commence à glacer, ajouter le blanc d'œuf. Quand le sorbet sera terminé, il sera agrémenté de petites étoiles vertes.

• Servir avec des Biscuits aux deux citrons ou avec un morceau de Cake au citron (voir p. 75-76).

INGRÉDIENTS

LE SIROP À 28 DEGRÉS
Donne 1,06 litre (4 1/4 tasses)
• 1,25 litre (5 tasses) de sucre fin
• 1,06 litre (4 1/4 tasses) d'eau

LE SORBET
• 375 ml (1 1/2 tasse) de jus de citron
• 250 ml (1 tasse) d'eau minérale pétillante
• 375 ml (1 1/2 tasse) de sirop à 28 degrés
• Une pincée de sel
• 1 c. à soupe de zeste de citron vert haché très finement
• 2 c. à soupe de Limoncello
• 1 blanc d'œuf battu presque en neige

Sorbet au citron vert, au fenouil ou au cumin

Donne 1 litre (4 tasses)

- Le jus d'environ 8 citrons verts bien tamisé
- 375 ml (1 ½ tasse) de sirop à 28 degrés (voir p. 92)
- 180 ml (¾ tasse) d'eau minérale gazéifiée
- Une pincée de sel
- 3 c. à soupe de miel
- 3 c. à soupe de Limoncello
- 10 graines de fenouil ou de cumin broyées très finement
- Le zeste de 1 citron vert haché très, très finement
- ½ c. à café (½ c. à thé) d'extrait de vanille blanche
- Quelques gouttes d'extrait de noix de coco
- 4 c. à soupe de crème épaisse ou 2 blancs d'œufs en neige

Ce sorbet est étonnant et chaque fois que je l'ai servi, aucun invité n'a réussi à déterminer ce qui lui donnait ce « petit goût ». C'était le cumin ou le fenouil, selon ce que j'avais employé.

• Dans un grand bol, mélanger le jus de citron vert avec le sirop à 28 degrés et l'eau minérale, le sel, le miel, le Limoncello, le fenouil ainsi que le zeste, la vanille et l'extrait de coco. Verser la crème en fouettant bien pour qu'elle ne tourne pas. Mettre dans la sorbetière, puis garder quelques jours au congélateur avant de servir. Si on utilise des blancs d'œufs, les ajouter au mélange après 3 ou 4 min en sorbetière.

Soufflé au citron

INGRÉDIENTS

- 1 c. à soupe de beurre doux à température de la pièce
- 105 g (½ tasse) de sucre cristallisé
- 250 ml (1 tasse) de lait entier
- 1 c. à soupe de farine tout usage
- Le zeste de 2 citrons haché finement
- Le jus des 2 citrons
- 1 c. à soupe de Limoncello
- 3 jaunes d'œufs
- 4 blancs d'œufs battus en neige
- Une pincée de crème de tartre
- Sucre à glacer

Chaque fois qu'on parle de soufflé, les interlocuteurs poussent de grands soupirs ou haussent les épaules d'impuissance. Comme si les soufflés étaient un mystère ou les terroristes de l'art culinaire. Ils sont pourtant assez inoffensifs pour peu qu'on les traite avec le respect et l'attention qui leur sont dus. Si le soufflé au chocolat ou celui au Grand Marnier ont la faveur populaire, j'aimerais que s'impose celui au citron qui mérite bien qu'on s'y attaque.

• Beurrer un moule à soufflé, puis y étendre environ 1 c. à soupe de sucre. Pour bien répartir le sucre, faire balancer le moule d'un côté, puis de l'autre.

• Dans un bol, fouetter 3 c. à soupe de lait avec la farine. Réserver.

• Dans une cocotte épaisse (ou au bain-marie), faire chauffer le reste du lait avec 2 c. à soupe de sucre ainsi que le zeste haché. Remuer avec une cuillère de bois afin que le sucre se dissolve bien. Porter à ébullition, puis retirer du feu, couvrir et laisser reposer environ 15 min.

• Passer le jus de citron au chinois pour qu'il n'y ait ni chair ni fibre et faire bouillir dans une petite cocotte jusqu'à ce qu'il en reste seulement 1 c. à soupe.

• Donner un ou deux coups de fouet au mélange de lait et de farine, puis fouetter avec le lait sucré, le zeste et le Limoncello. Porter à ébullition tout en fouettant et faire cuire 1 min. Retirer du feu. Battre les jaunes un à un, puis les incorporer au mélange précédent en fouettant bien. Quand c'est terminé, ajouter la réduction de jus de citron tout en fouettant encore. Laisser revenir à température de la pièce.

NOTE : Tout ce qui précède jusqu'ici peut être fait avant le repas.

• Faire chauffer le four à 190 °C (375 °F). Battre les blancs d'œufs en neige, ajouter la crème de tartre et battre jusqu'à ce que les blancs forment des pics. Ajouter le sucre cristallisé qui reste et fouetter légèrement. Ajouter à la spatule une grosse cuillerée de blanc d'œuf au mélange précédent, mélanger, puis incorporer ce mélange aux blancs d'œufs. Verser dans le moule à soufflé et, avec le bout de la spatule, faire le tour du mélange afin que le haut n'adhère pas trop aux bords du moule.

• Faire cuire de 10 à 12 min, saupoudrer de sucre à glacer, puis cuire encore jusqu'à ce que le soufflé commence à se fissurer et soit assez ferme au toucher. Servir immédiatement.

Tarte au fromage aux deux citrons

INGRÉDIENTS

LA CROÛTE

- 130 g (1 tasse) de farine tout usage
- 40 g (⅓ tasse) de noix de Grenoble réduites en poudre
- 50 g (⅓ tasse) de semoule
- 75 g (⅓ tasse) de beurre doux
- 70 g (⅓ tasse) de sucre
- 2 à 4 c. à soupe de lait entier
- 1 jaune d'œuf

LA DÉCORATION

- Le zeste de 1 citron vert coupé en fine julienne
- 1 c. à soupe de Limoncello

LA COSSETARDE

- 1 œuf entier + 2 jaunes battus ensemble
- 250 g (1 tasse) de fromage ricotta bien frais
- 30 g (¼ tasse) de sucre à glacer
- 1 c. à café (1 c. à thé) d'essence de citron
- Le zeste de 1 citron jaune haché finement
- 125 ml (½ tasse) de crème épaisse

PRÉPARATION

- Pour la croûte : Préchauffer le four à 180 °C (350 °F).

- Mettre tous les ingrédients dans le robot culinaire jusqu'à ce qu'une boule se forme. Placer la boule de pâte sur un papier ciré, puis la recouvrir d'une feuille de pellicule plastique avant de l'abaisser avec un rouleau à pâtisserie. Mettre la pâte au frigo de 1 à 2 h.

- Beurrer un moule à tarte de 25 cm (10 po) de diamètre, puis y étendre la pâte. La faire cuire environ 20 min ou jusqu'à ce que la croûte soit bien dorée. Si la pâte fait des bulles, sortir le moule du four, les aplatir avec le bout des doigts, puis remettre au four.

- Pour la décoration : Faire bouillir le zeste de 2 à 3 min pour l'attendrir. Le faire macérer ensuite dans le Limoncello pendant 1 h ou plus. Réserver.

- Pour la cossetarde : Bien mélanger les œufs et la ricotta. Ajouter le sucre à glacer, l'essence de citron et le zeste, puis bien mêler. Fouetter la crème, puis l'incorporer au mélange de ricotta. Verser la cossetarde dans la croûte et cuire à 160 °C (325 °F) de 20 à 30 min ou jusqu'à ce que la garniture soit bien dorée et assez ferme lorsqu'on la presse avec les doigts.

- En sortant la tarte du four, la décorer du zeste qui a macéré. Servir à température de la pièce ou rafraîchie.

Tarte aux citrons glacés

INGRÉDIENTS

LES CITRONS GLACÉS

- 250 ml (1 tasse) d'eau
- 420 g (2 tasses) de sucre
- 2 citrons jaunes tranchés en fines rondelles
- 3 citrons verts tranchés en fines rondelles

LA COSSETARDE

- 125 ml (½ tasse) de jus de citron jaune
- 125 ml (½ tasse) de jus de citron vert
- 210 g (1 tasse) de sucre
- 500 ml (2 tasses) de crème épaisse
- 2 œufs battus

PRÉPARATION

- Préchauffer le four à 190 °C (375 °F)

- Pour la pâte : Faire une pâte brisée. Abaisser la pâte, puis l'étendre dans un moule rond de 25 à 30 cm (10 à 12 po) de diamètre ou dans un moule rectangulaire. Piquer la pâte à plusieurs endroits avec une fourchette, tapisser d'un cercle de papier sulfurisé ou de papier d'aluminium, puis y mettre des haricots secs. Cuire au four préchauffé pendant environ 5 min. Enlever le papier et les haricots, puis cuire encore jusqu'à ce que la croûte soit dorée, soit de 5 à 7 min.

- Pendant que la pâte refroidit au frigo, faire glacer les citrons.

- Pour les citrons glacés : Faire chauffer l'eau et le sucre dans une grande sauteuse en remuant pour bien faire dissoudre le sucre. Réduire le feu, déposer les rondelles de citron en une seule rangée et cuire à feu doux sans faire bouillir pendant au moins 20 min ou jusqu'à ce que le zeste soit tendre. Avec une spatule trouée, enlever les rondelles, puis les déposer sur du papier sulfurisé.

- Pour la cossetarde : Fouetter tous les ingrédients ensemble, puis verser dans la croûte à tarte. Faire cuire à 160 °C (325 °F) de 10 à 15 min. Quand la cossetarde commence à former une peau, la couvrir des tranches de citron glacé et remettre au four de 15 à 25 min ou jusqu'à ce que la cossetarde soit un peu ferme au toucher.

- Servir à température de la pièce ou bien rafraîchie.

Tarte aux deux citrons

6 à 8 portions

Je ne connais personne qui n'aime pas la tarte au citron, mais, en général, les tartes au citron les plus courantes sont couvertes d'une épaisse meringue et ont une allure bien américaine. Voici celle que j'ai mise au point avec Maryse. Elle a fait jusqu'ici les délices de tous mes invités et, surtout, elle a une allure bien française. Il faut toutefois vous armer de patience, car elle ne se fait pas en un tournemain.

• Pour la pâte : Avec une cuillère de bois, bien mélanger beurre, sucre, le ½ œuf battu, la vanille et l'essence d'amande. Ajouter graduellement la farine et les amandes hachées et mélanger sans trop travailler la pâte. Placer la boule de pâte sur un papier ciré, puis la recouvrir d'une feuille de pellicule plastique avant de l'abaisser avec un rouleau à pâtisserie. Mettre la pâte au frigo de 1 à 2 h.

• Pour la décoration : Pendant ce temps, ébouillanter le zeste du citron jaune et le laisser ainsi 30 sec, assécher et mettre à mariner dans le Limoncello avec le zeste du citron vert. Réserver.

• Pour la crème au citron : Dans un bol, battre les œufs entiers et les jaunes, ajouter la moitié du sucre et battre encore jusqu'à ce que le mélange soit crémeux. Réserver.

• Dans une casserole de porcelaine, faire chauffer doucement le jus de citron, le sucre qui reste et le beurre. Dès que le mélange commence à frémir, l'incorporer au premier mélange en continuant à battre. Remettre dans la casserole et faire chauffer à feu doux en continuant à brasser. Faire cuire 3 min en continuant toujours à brasser. Ajouter le Limoncello. Verser dans le bol et laisser refroidir avant de mettre au frigo.

INGRÉDIENTS

LA PÂTE
- 100 g (3 ½ oz) de beurre mou
- 3 c. à soupe de sucre
- ½ œuf battu
- 1 c. à café (1 c. à thé) d'essence de vanille
- 1 c. à café (1 c. à thé) d'essence d'amande
- 100 g (³/₄ tasse) de farine
- 1 c. à soupe comble d'amandes hachées finement

LA DÉCORATION
- Le zeste de 1 citron jaune coupé en fine julienne
- Le zeste de 1 citron vert coupé en fine julienne
- 2 c. à soupe de Limoncello

LA CRÈME AU CITRON
- 2 œufs
- 3 jaunes d'œufs
- 210 g (1 tasse) de sucre
- Le jus de 5 citrons
- 115 g (env. ¼ lb) de beurre doux
- 2 c. à soupe de Limoncello

• **Pour la pâte :** Beurrer un moule à tarte de 25 cm (10 po) de diamètre, y déposer la pâte, puis la couper au couteau aux proportions du moule. La percer à plusieurs endroits avec une fourchette, la couvrir d'un papier sulfurisé ou d'un papier d'aluminium coupé aux mêmes proportions, puis y répartir des haricots secs. Mettre la pâte au frigo 5 min pendant que le four chauffe à 200 °C (400 °F). Faire cuire la pâte environ 10 min, puis baisser le four à 180 °C (350 °F).

• **Pour la finition :** Enlever le papier et les haricots. Verser la crème au citron dans la croûte précuite et faire cuire au four encore 15 min. Bien répartir ensuite sur la tarte le zeste qui a macéré dans le Limoncello. Laisser refroidir. Placer au frigo pendant au moins 3 à 4 h, mais laisser la tarte à température de la pièce de 15 à 20 min avant de la servir telle quelle, sans crème ni meringue.

Tourte au citron de Golda Meir

6 à 8 portions

C'est vrai qu'elle n'était pas jolie, pas la tourte, Golda. Et ce n'est pas être antisémite d'écrire qu'elle ressemblait davantage à mon grand-père qu'à une bonne vieille grand-mère. Lorsqu'elle signa un accord de paix avec l'Égypte en 1973, après la quatrième guerre israélo-arabe, la légende veut qu'elle ait servi à Anouar al-Sadate cette tourte qui fond dans la bouche comme un nougat tendre.

• Pour la première étape : Bien mélanger la farine, la poudre d'amande, le sucre et les jaunes d'œufs, puis incorporer les blancs en neige. Verser dans un moule à tarte bien beurré d'environ 30 cm (12 po) de diamètre et mettre au four à 180 °C (350 °F) de 7 à 8 min ou jusqu'à ce que le dessus soit joliment doré. Sortir du four, puis laisser refroidir.

• Pour la deuxième étape : Pendant que cuit le premier mélange, peler les citrons à vif, puis les trancher en fines rondelles en enlevant les pépins. Réserver.

• Mélanger la poudre d'amande et le sucre, puis y incorporer les blancs d'œufs. Réserver.

• Quand le premier mélange est à température de la pièce, y déposer les rondelles de citron, puis ajouter le mélange poudre d'amande-sucre-blancs d'œufs en l'étendant également avec une spatule. Remettre au four de 10 à 12 min. Laisser refroidir.

• Au moment de servir, bien saupoudrer de sucre à glacer. Ceux qui ont une âme d'artiste peuvent l'exprimer en dessinant des losanges au fer chaud !

INGRÉDIENTS

PREMIÈRE ÉTAPE
• 1 c. à soupe de farine de sarrasin
• 125 g (1 tasse) de poudre d'amande
• 160 g ($^3/_4$ tasse) de sucre
• 3 jaunes d'œufs
• 4 blancs d'œufs battus en neige

DEUXIÈME ÉTAPE
• 4 gros citrons bien fermes
• 125 g (1 tasse) de poudre d'amande
• 160 g ($^3/_4$ tasse) de sucre
• 4 blancs d'œufs battus en neige
• Sucre à glacer pour la décoration

Marmelade aux deux citrons

INGRÉDIENTS

- 1,75 litre (7 tasses) d'eau
- 6 gros citrons jaunes bien frais
- 6 citrons verts
- 1,35 kg (6 ½ tasses) de sucre
- 60 ml (¼ tasse) de Limoncello ou 2 c. à soupe de kirsch (facultatif)

PRÉPARATION

De grâce, n'achetez pas de ces marmelades fabriquées en usine quand c'est si facile d'en faire. Et elles se conservent. La marmelade aux deux citrons que je vous propose a l'avantage de pouvoir se faire en tout temps de l'année et elle est hyper économique. À peine 1 $ du bocal! Qui dit mieux?

• Stériliser les bocaux de verre en les mettant au four pendant une vingtaine de minutes à 120 °C (250 °F). Attention, il faut les mettre sans couvercle quand le four est froid.

• Verser l'eau dans une grande cocotte à confiture, puis couper les citrons en 2. Poser un grand chinois garni de quelques épaisseurs de mousseline à fromage sur la cocotte. Au-dessus, presser les citrons entre les mains. Sur une petite planche, couper les citrons en 4, puis en faire des lanières d'au plus 0,5 cm (¼ po) en prenant soin de mettre les morceaux de pulpe et les pépins dans la mousseline. Attacher la mousseline pour en faire un petit sac, puis le déposer dans l'eau avec toutes les lanières de citron. Faire bouillir lentement pendant à peu près 2 h jusqu'à ce que les pelures soient bien tendres.

• Enlever le petit sac et réserver. Ajouter graduellement le sucre dans la cocotte en brassant avec soin pour qu'il se dissolve entièrement. Porter à feu vif et bien presser la mousseline au-dessus de la cocotte afin d'en soutirer toute la pectine. Faire bouillir à gros bouillons et écumer, si nécessaire. Dès que la température atteint 105 °C au thermomètre à bonbons (106 °C si l'on souhaite une marmelade plus consistante), retirer du feu. Si désiré, ajouter le Limoncello ou le kirsch, puis mélanger. Laisser reposer une dizaine de minutes et verser dans les bocaux stérilisés.

Marmelade aux citrons Meyer

- 8 citrons Meyer
- 1 kg (4 ³/₄ tasses) de sucre
- 2 c. à soupe de Limoncello ou de kirsch

Les citrons Meyer ne se trouvent pas au supermarché. En fait, ils sont assez rares et on ne peut les acheter que dans les fruiteries spécialisées. En Amérique, on en trouve de novembre à mars seulement. Mais quelles sont donc les caractéristiques de ce citron assez snob pour se faire aussi rare? Ces citrons sont à l'inverse des oranges de Séville. Alors que celle-ci est d'une grande amertume, le Meyer est doux comme du velours. L'orange de Séville a la couenne épaisse, mais celle des Meyer est comme la peau d'une jeune fille. On peut même manger les citrons Meyer entiers : peau et chair comprises! Et cela sans grincer des dents.

Ce citron est originaire de Chine et serait un hybride du citron ordinaire et de la mandarine. Il doit son nom au botaniste américain Frank Meyer qui l'a découvert près de Beijing en 1908. Aujourd'hui, on le cultive en Californie, en Floride et au Texas.

On ne fait pas avec ces citrons la même marmelade qu'avec les autres et il faut la réserver aux gourmets.

• Laver et brosser les citrons à l'eau courante. Avec un couteau bien aiguisé, les couper en fines rondelles. Enlever les pépins. Mettre les citrons dans un bocal d'au moins 2 litres (8 tasses) et y verser 1,4 litre (env. 6 tasses) d'eau fraîche. Refermer le bocal et laisser reposer toute la nuit.

• Mettre l'eau et les citrons dans une casserole à confiture, puis porter à ébullition. Baisser le feu et laisser mijoter environ 1 h. Le liquide doit réduire d'environ un quart. Ajouter le sucre graduellement, tout en brassant. Quand le sucre est dissous, augmenter le feu et faire bouillir jusqu'à ce que le sirop atteigne 105 °C au thermomètre (106 °C, si l'on souhaite une marmelade plus ferme). Incorporer ensuite le Limoncello ou le kirsch.

• Mettre dans des bocaux stérilisés. Si l'on souhaite garder la marmelade à température de la pièce, il est préférable de fermer hermétiquement le bocal avec de la paraffine ou de faire bouillir les bocaux environ 5 min.

Citrons confits

Il y a plusieurs façons de confire des fruits. Certaines sont longues et fastidieuses. Ma méthode est d'une grande simplicité, mais elle donne d'excellents résultats.

La méthode simple : *c'est évidemment celle qui se fait le plus rapidement.*
• Dans une casserole peu profonde (une sauteuse, c'est l'idéal), faire chauffer l'eau et le sucre. Brasser jusqu'à ce que le sucre soit parfaitement dissous.

• Pendant ce temps, couper les fruits en rondelles d'au plus 1 cm (env. ½ po) et enlever les pépins, s'il y a lieu, en faisant attention de ne pas briser les fruits. Disposer les rondelles sur une grille circulaire (qui entre dans la casserole). Pour faciliter la manipulation, attacher trois cordes à la grille.

• Plonger la grille et les rondelles dans la casserole, couvrir d'un papier sulfurisé pour que les fruits restent noyés, porter doucement à ébullition et laisser frémir 15 min. Retirer du feu grille et citrons, puis laisser à température de la pièce pendant 24 h sans remuer. Soulever la grille et les citrons, puis la suspendre au moins 1 h pour laisser égoutter. Déposer les fruits sur quelques épaisseurs de papier essuie-tout, et les faire sécher pendant 6 h. Mettre dans un récipient hermétique et garder au frigo.

La méthode un peu plus compliquée : *Cette méthode a l'avantage de produire des citrons confits qui se conservent presque indéfiniment.*
• Plonger les fruits dans l'eau froide et les laisser ainsi 1 h. Les essuyer, les couper en 4 et les épépiner. Les plonger ensuite dans l'eau bouillante et les laisser ainsi 15 min. Les passer sous l'eau froide, puis les égoutter côté pulpe vers le haut.

• À feu moyen, dissoudre le sucre dans l'eau, puis laisser frémir pendant 15 min. Retirer du feu, puis immerger les quartiers de citron dans le liquide. Mettre le tout dans une casserole de porcelaine émaillée, couvrir d'un linge épais et garder à température de la pièce pendant une journée. Porter

LA MÉTHODE SIMPLE
• 1 litre (4 tasses) d'eau
• 1 kg (4 ³/₄ tasses) de sucre
• 500 g (env. 1 lb) de citrons jaunes ou verts

LA MÉTHODE UN PEU PLUS COMPLIQUÉE
• 500 g (env. 1 lb) de citrons jaunes ou verts
• 1 litre (4 tasses) d'eau
• 1 kg (4 ³/₄ tasses) de sucre

LA MÉTHODE POUR CONFIRE AU SEL
• 8 citrons jaunes ou verts
• 8 c. à soupe de gros sel de mer

à ébullition et faire frémir 5 min. Écumer. Garder encore 24 h à température de la pièce. Porter de nouveau à ébullition et faire frémir encore 10 min. Écumer. Laisser refroidir, sortir les quartiers du sirop, puis les garder au frais et au sec dans un bocal ou une boîte de plastique bien fermée.

La méthode pour confire au sel :
• Faire dégorger les citrons dans l'eau fraîche pendant 72 h en changeant l'eau toutes les 12 h. Couper les citrons en 8 quartiers, enlever les pépins, s'il y a lieu, et mettre les quartiers dans un pot de grès en ajoutant environ 1 c. à soupe de gros sel par citron. Poser un poids (bocal plein d'eau ou autre) sur les citrons, couvrir et garder au frais pendant 1 sem. Débarrasser les quartiers de leur liquide, les mettre dans un bocal et garder au frigo. Attendre au moins 2 à 3 mois avant d'utiliser.

LES SAUCES

Vous donner toutes les sauces qu'on peut faire
avec du jus de citron – vert ou jaune – occuperait toutes les pages
de ce volume. Je vais plutôt me contenter de vous donner
celles que j'utilise le plus fréquemment.

Beurre au citron

Donne 115 g (¼ lb)

- 115 g (¼ lb) de beurre doux
- 1 c. à soupe de zeste de citron haché finement
- 1 c. à soupe de jus de citron filtré
- Une pincée de sel et un peu de poivre du moulin

Voilà une sauce qu'on peut utiliser de bien des façons et surtout une sauce qu'on peut varier à l'infini. On peut la servir sur du steak, des côtelettes (porc, agneau, chevreau ou veau), sur du poulet ou encore sur des crêpes ou des gaufres. En voici d'abord la base.

• Une fois le beurre à température de la pièce, le rendre crémeux en le travaillant à la cuillère de bois. Ajouter le zeste, puis le jus de citron graduellement. Saler légèrement, puis poivrer et réfrigérer. Dans une pellicule plastique, ce beurre peut facilement se conserver une dizaine de jours au frigo.

VARIANTES : *Ce beurre au citron est excellent avec de l'ail et du persil haché finement. Il fera merveille sur le poulet et mille et un légumes.*

• *En y ajoutant 2 ou 3 filets d'anchois (dans ce cas, mieux vaut ne pas saler le beurre au citron au départ) bien pilés dans un mortier, on obtient un délicieux beurre d'anchois, excellent sur des poissons blancs comme la morue, le bar ou même l'aiglefin.*

• *Pour faire un beurre aux câpres (qui rehausse le goût de plusieurs poissons comme la raie, et même celui du veau ou du poulet), on ajoute au beurre au citron environ 2 c. à soupe de câpres bien égouttées, écrasées légèrement dans un mortier ou hachées au couteau.*

• *Ce beurre au citron traditionnel, on peut aussi le faire à la sauge, à l'estragon, à la ciboulette, à l'aneth, au romarin, à la menthe, au piment d'Espelette, au paprika, etc. Dans le cas des herbes, on en ajoute 2 c. à soupe hachées finement. Dans le cas du paprika ou du piment d'Espelette, on y va selon son goût. Mais attention, ne jamais utiliser d'herbes séchées! C'est sans intérêt.*

Beurre blanc

Donne environ 250 ml (1 tasse) de sauce

- 3 c. à soupe de vinaigre de vin blanc
- 3 c. à soupe de jus de citron tamisé
- 1 c. à soupe de ciboulette hachée
- Une pincée de sel
- Poivre blanc du moulin
- 250 g (½ lb) de beurre froid coupé en gros dés

C'est l'une des plus fameuses sauces de la cuisine française et elle accompagne merveilleusement tous les poissons, les fruits de mer et les légumes comme les asperges, le brocoli, le rapini, le chou-fleur, etc. Mais elle est riche. Très riche et déconseillée à tous les cardiaques ou aux personnes qui sont toujours au régime.

• Dans une petite casserole de porcelaine émaillée ou d'acier inoxydable, faire réduire vinaigre, jus de citron et ciboulette jusqu'à ce qu'il ne reste qu'environ 1 c. à soupe de liquide. Saler et poivrer.

• Retirer du feu, fouetter en ajoutant un, puis deux morceaux de beurre, mettre la casserole dans une lèchefrite d'eau bouillante (pour faire un bain-marie) posée sur un feu doux et continuer de fouetter le beurre dans la sauce, dé par dé. Dès que tout le beurre a été fouetté, la sauce est prête à servir. On peut la mettre dans une saucière tiède, mais on doit tout de même la servir sans tarder.

Faux beurre blanc

Donne environ 80 ml (⅓ tasse) de sauce

- 60 ml (¼ tasse) d'huile d'olive vierge
- 1 c. à soupe d'huile de noix ou de noisette
- Le jus de ½ citron
- Le zeste de ¼ de citron haché finement
- 2 c. à soupe de beurre doux
- Une pincée de sel
- Poivre du moulin

• Mettre tous les ingrédients dans un bol, faire chauffer de 20 à 30 sec au micro-ondes, émulsionner avec une fourchette ou un petit fouet et servir.

Mayonnaise au citron

Donne 375 ml (1 ½ tasse)

ATTENTION : Tous les ingrédients doivent être à température de la pièce.

• Avec un batteur électrique, battre les jaunes jusqu'à ce qu'ils soient bien crémeux. Ajouter la moutarde, puis la pincée de sel et battre encore. Mélanger les huiles ensemble et, sans cesser de battre, ajouter les huiles aux œufs, d'abord en un mince filet, puis en un filet plus consistant. Lorsque toute l'huile a été incorporée, faire chauffer le jus de citron au micro-ondes afin qu'il soit bouillant puis, tout en battant, l'incorporer à la mayonnaise.

- 2 jaunes d'œufs
- 2 c. à café (2 c. à thé) de moutarde de Dijon
- Une pincée de sel
- 60 ml (¼ tasse) d'huile de noisette
- 80 ml (⅓ tasse) d'huile d'olive vierge
- 125 ml (½ tasse) d'huile de tournesol
- 2 c. à soupe de jus de citron filtré

Sauce au beurre et au citron

Donne environ 80 ml (⅓ tasse) de sauce

• Dans une casserole de porcelaine émaillée ou d'acier inoxydable, faire fondre le beurre à feu assez doux. Quand il est fondu, incorporer le jus de citron en fouettant au fouet, ajouter le zeste, saler, poivrer et servir sur du poisson, des légumes verts, etc.

- 115 g (¼ lb) de beurre doux
- 1 c. à soupe de jus de citron
- 1 c. à café (1 c. à thé) de zeste de citron haché finement
- Sel et poivre du moulin

Sauce crémeuse au citron

- 60 ml (¼ tasse) de beurre
- 2 c. à soupe d'échalote finement hachée ou de petits oignons verts
- 1 gousse d'ail hachée finement
- 250 ml (1 tasse) de crème épaisse à température de la pièce
- 60 ml (¼ tasse) de jus de citron filtré
- Sel
- Environ 1 c. à café (1 c. à thé) de piment d'Espelette séché

Voici une sauce crémeuse qui accompagne bien les asperges, le chou-fleur, le brocoli et les choux de Bruxelles. Elle peut aussi servir de trempette avec des légumes crus.

• Dans une casserole de porcelaine émaillée ou d'acier inoxydable, faire fondre le beurre à feu doux, ajouter l'échalote ou les petits oignons verts et l'ail et cuire jusqu'à ce que les deux soient tendres. Ajouter graduellement la crème en remuant et faire cuire, toujours à feu doux, environ 5 min. Verser ensuite le jus de citron graduellement et continuer à faire cuire en remuant, soit de 5 à 8 min, jusqu'à ce que la sauce ait la consistance d'une crème fouettée. Ajouter le sel et le piment d'Espelette, puis servir. On peut remplacer le piment d'Espelette par du paprika, mais c'est moins goûteux.

Vinaigrette

- 5 gouttes de bon vinaigre balsamique
- Une pincée de sucre
- 2 c. à soupe de jus de citron
- 2 c. à soupe d'huile d'olive vierge
- 1 c. à soupe d'huile de noisette ou de noix
- 1 c. à soupe d'huile de tournesol
- Sel

De grâce, cessez de vous casser la tête avec les vinaigrettes à la française qui tuent littéralement le bon goût des laitues fraîches et des tendres pousses printanières. Contentez-vous de les mélanger avec cette simple vinaigrette.

• Dans un petit bol, mélanger le vinaigre balsamique et le sucre au jus de citron. Verser les huiles dans un autre bol, puis y ajouter le mélange vinaigre-jus de citron ainsi que le sel. Émulsionner légèrement avec une fourchette.

LES BOISSONS

Glögg scandinave

Donne 6 verres

Mon amie Birgitta St-Cyr, une Suédoise pure laine malgré ce nom de famille qui n'est pas le sien mais celui de son mari, m'a tout appris de ce que je sais de la cuisine scandinave. Même si on mange beaucoup de poisson et de poisson cru en Scandinavie, on n'y abuse pas du citron. Sans doute parce qu'il n'en pousse guère là-bas. Mais au temps des Fêtes ou lorsqu'il fait froid, on s'envoie allègrement un glögg derrière la cravate et je vous en donne la recette, au cas où vous auriez froid quand la bise sera venue! Servez cet apéro et chacun s'en souviendra... jusqu'à l'été suivant!

• À l'aide d'un couteau économe, retirer le zeste des citrons et de l'orange. Verser dans une casserole la moitié de la bouteille de vin, y ajouter toutes les épices et le sucre, puis faire chauffer lentement en mélangeant doucement. Laisser chauffer une douzaine de minutes (il ne faut pas que le vin bout), puis verser le liquide dans un grand bol après l'avoir passé au chinois très fin (s'il n'est pas assez fin, le garnir d'une mousseline à fromage). Ajouter le reste du vin et les alcools, puis faire chauffer doucement jusqu'à ébullition. Retirer du feu immédiatement. Répartir les raisins et les amandes dans les verres, y verser le vin alcoolisé et servir accompagné d'une longue cuillère pour que chacun puisse manger amandes et raisins à son aise.

INGRÉDIENTS

- 1 citron jaune
- 1 citron vert
- 1 orange sanguine, si possible
- 1 bonne bouteille de bordeaux rouge
- 4 clous de girofle
- 1 bâton de cannelle
- 3 graines de cardamome bien vertes
- 1 mince tranche de gingembre frais, pelé
- 105 g ($\frac{1}{2}$ tasse) de sucre
- 125 ml ($\frac{1}{2}$ tasse) de bon porto portugais rouge
- 125 ml ($\frac{1}{2}$ tasse) d'aquavit
- 60 ml ($\frac{1}{4}$ tasse) de kirsch
- 60 ml ($\frac{1}{4}$ tasse) de vodka
- 75 g ($\frac{1}{2}$ tasse) de raisins secs, dorés
- 45 g ($\frac{1}{2}$ tasse) d'amandes blanchies, effilées

Limonade à la française

Donne 1 litre (4 tasses)

• Faire bouillir l'eau. Dans un pichet qui résiste à la chaleur, déposer le zeste et le sucre, puis verser l'eau bouillante. Remuer jusqu'à ce que le sucre soit dissous. Placer un papier d'aluminium sur le pichet pour bien le fermer. Laisser infuser 1 ou 2 h. Verser le jus de citron passé au chinois et servir très froid.

- 1 litre (4 tasses) d'eau fraîche
- Le zeste de 3 citrons
- 210 g (1 tasse) de sucre
- Le jus des 3 citrons

Limonade à la malaise

Donne 1 grand verre

- Le jus de 2 citrons verts
- 2 à 3 c. à soupe de sirop de sucre de canne
- Des glaçons
- Eau minérale pétillante
- 1 quartier de citron vert

Quelles que soient les limonades, on peut toujours remplacer le citron jaune par des citrons verts ou y aller des deux variétés d'agrumes si l'on veut obtenir un goût légèrement différent.

- Mélanger le jus des citrons verts et le sirop, verser le tout dans un grand verre, puis le remplir de glaçons. Ajouter autant d'eau que possible, puis décorer d'un quartier de citron vert.

Limonade classique

Donne 1,25 litre (5 tasses)

- 105 g (¹/₂ tasse) de sucre
- 125 ml (¹/₂ tasse) de miel liquide doux (fleurs sauvages, acacia, etc.)
- Un morceau d'environ 2,5 cm (1 po) de gingembre frais, pelé, coupé en fines lamelles
- 1 litre (4 tasses) d'eau fraîche
- 250 ml (1 tasse généreuse) de jus de citron
- Des glaçons
- 1 citron vert coupé en quartiers

C'est une limonade classique, mais elle est tout de même plus raffinée que celle que servent les enfants au coin des rues... dans les bandes dessinées.

- Mettre sucre, miel, gingembre et 250 ml (1 tasse) d'eau dans un grand bol allant au micro-ondes. Porter à ébullition. Bien mélanger. Remettre au micro-ondes 1 min. Laisser infuser environ 1 h, passer le liquide au chinois, puis le verser dans un grand pot. Mélanger avec le jus de citron également passé au chinois, puis verser le reste de l'eau et ajouter des glaçons et les quartiers de citron vert pour décorer.

Limoncello

Donne 1,25 litre (5 tasses)

INGRÉDIENTS

- 750 ml (3 tasses) de vodka sans arôme particulier
- Le zeste de 6 à 8 citrons
- 500 ml (2 tasses) d'eau
- 210 g (1 tasse) de sucre

PRÉPARATION

Le Limoncello est une liqueur de citron que j'aime bien utiliser dans mes recettes. On en vend au Québec dans la plupart des magasins de la Société des Alcools et ailleurs dans plusieurs établissements spécialisés. En Italie, il y a autant de variétés de Limoncello qu'il y a de régions, même si cette liqueur provient de la côte amalfitaine et de l'île de Capri.

Je ne raffole pas du Limoncello nature, ni comme apéritif ni comme digestif, quoique avec un peu de champagne... Une cuillerée de sorbet au citron dans une flûte et une bonne rasade de champagne agrémentée d'une cuillerée de Limoncello, voilà un mélange qui, par un beau jour ensoleillé, constitue un apéro de fort belle venue.

Vous ne trouvez pas de Limoncello près de chez vous? Qu'à cela ne tienne, voici comment en faire.

• Verser la vodka dans un grand bocal, puis ajouter le zeste. Bien fermer et laisser à température de la pièce de 10 à 12 jours.

• Faire bouillir l'eau et le sucre pendant environ 3 min, tout en brassant. Passer la vodka au-dessus d'un grand bol à travers un tamis fin, en conservant le zeste dans le tamis. Verser le sirop de sucre dans un autre bol en le passant à travers le même tamis. Quand le sirop est à température de la pièce, le mélanger à la vodka citronnée. Garder au frigo ou au congélateur.

NOTE : Attendre au moins 1 semaine avant de servir.

Singapour Sling

Donne 1 grand verre

- 2 c. à soupe de dry gin
- 1 c. à soupe de cherry brandy
- 1 1/2 c. à café (1 1/2 c. à thé) de Cointreau
- 1 1/2 c. à café (1 1/2 c. à thé) de Bénédictine
- 2 c. à café (2 c. à thé) de grenadine
- 1 goutte de bitter
- Des glaçons
- 125 ml (1/2 tasse) de jus d'ananas
- 1 1/2 c. à soupe de jus de citron vert
- 1 tranche d'ananas frais, si possible
- 1 belle grosse cerise confite

Inutile d'imaginer qu'on puisse aller à Singapour sans prendre un drink au Raffles, ce célèbre hôtel inauguré en 1887 et nommé en mémoire de Sir Stamford Raffles qui n'y a jamais mis les pieds, puisqu'il a passé l'arme à gauche plus d'un demi-siècle avant l'ouverture de l'hôtel.

Sir Stamford, le pauvre, n'a même jamais trempé ses lèvres dans un Singapour Sling, car le drink a été mis au point en 1915 par Ngiam Tong Boon, un barman chinois. Somerset Maugham et Rudyard Kipling se sont tous deux soûlés plus d'une fois au Singapour Sling et j'aurais bien fait de même sans la vigilance de Louise Deschâtelets avec qui je suis allé là-bas.

Grâce à moi, vous pourrez savourer un Singapour Sling sans même sortir de chez vous, car j'en ai rapporté le secret.

- Mettre tous les alcools et les jus avec de la glace dans un shaker et le secouer vigoureusement. Verser dans un grand verre bien froid et décorer de l'ananas et de la cerise! Passer ensuite à table car, au deuxième, on glisse sous la table!

Sirop à limonade

Donne 500 ml (2 tasses)

- 250 ml (1 tasse) d'eau
- 420 g (2 tasses) de sucre
- Une pincée de sel
- Le zeste de 2 citrons coupé en fine julienne
- Le jus de 6 citrons
- Des glaçons
- Eau plate ou eau pétillante, au goût
- 1 ou 2 c. à soupe de Limoncello (facultatif)

La façon la plus simple de pouvoir se rafraîchir avec un bon verre de limonade est de préparer un sirop et de faire sa limonade au fur et à mesure de sa soif.

- Faire bouillir l'eau, le sucre, le sel et le zeste pendant 15 min. Quand c'est refroidi, ajouter le jus de citron. Passer au chinois et garder au frigo dans un bocal fermé. Par la suite, pour faire un verre de limonade, on n'a qu'à mettre 2 c. à soupe de sirop dans un verre, ajouter des glaçons et de l'eau, et le tour est joué. On peut aussi remplacer l'eau plate par de l'eau minérale pétillante. Et si l'on veut faire encore plus chic, on ajoute du Limoncello!

LES SECRETS CULINAIRES

Je vais d'abord vous révéler les secrets culinaires du citron. Nous verrons les autres ensuite, car ils sont tout aussi importants, sinon plus.

BISCUITS

Si vous voulez garder tendres certains types de biscuits, mettez une tranche de citron dans votre jarre à biscuits. Ils se conserveront alors 4 ou 5 jours.

BLANCS D'ŒUFS EN NEIGE

Dans de nombreux livres de recettes, on suggère d'ajouter une pointe de crème de tartre quand on bat des blancs d'œufs en neige, mais 1 c. à café (1 c. à thé) de jus de citron donne exactement le même résultat.

CÉLERI-RAVE, CHOU-FLEUR, ARTICHAUT, TOPINAMBOUR, ETC.

À peu près 1 c. à café (1 c. à thé) de jus de citron ajoutée à l'eau de cuisson empêchera ces légumes et quelques autres de se décolorer.

CHAMPIGNONS

Les champignons ont tendance à foncer beaucoup en cuisant, les champignons de Paris en particulier. Un peu de jus de citron leur gardera meilleur teint.

CHOU-FLEUR

Chacune de mes femmes aimait le chou-fleur, mais détestait l'odeur qu'il dégage en cuisant dans l'eau ou à la vapeur. Un quartier de citron ajouté à l'eau de cuisson ravira les narines fragiles et gardera le chou-fleur plus blanc.

CONFITURES ET GELÉES

Dans le temps des confitures et des gelées, ne jetez pas les pépins de citron, la peau et les débris de chair. Gardez-les au frigo et, quand vous «confiturez», enfermez-moi ça dans quelques épaisseurs de mousseline à fromage, faites un petit sac que vous attachez avec une ficelle et laissez cuire avec gelée ou confiture. C'est de la pectine naturelle.

CRÈME À FOUETTER

La crème n'est pas assez ferme à votre goût? Essayez d'ajouter quelques gouttes de jus de citron. Une fois sur deux, l'effet est magique.

CREVETTES FATIGUÉES ?

Les crevettes que vous venez d'acheter à grands frais au marché ou chez le poissonnier sentent un peu l'ammoniaque? Faites-les tremper au moins 1 à 2 h dans un grand bol rempli d'eau froide et de glaçons dans lequel vous aurez mis d'abord le jus de 1 citron et son écorce.

FRUITS

Si vous faites pocher des fruits, ajoutez à l'eau environ 1 c. à café (1 c. à thé) de jus de citron. Ce traitement empêchera les fruits de se défaire.

GLACE À GÂTEAU

Une glace à gâteau faite de beurre, de crème et de sucre deviendra plus blanche que de la neige fraîche si vous y ajoutez 1 c. à soupe de jus de citron.

Les secrets du citron

ŒUFS POCHÉS

Tous les amateurs d'œufs pochés savent qu'en ajoutant à peu près 1 c. à soupe de jus de citron dans l'eau qui bout, les blancs auront moins tendance à prendre leurs aises.

PÂTE BRISÉE

Ma grand-mère paternelle n'était pas une cuisinière sans reproche, mais elle savait faire tartes et biscuits. Dans sa pâte brisée, elle ajoutait toujours un peu de jus de citron, soit environ 1 c. à café (1 c. à thé) par croûte. Elle prétendait que sa croûte devenait ainsi plus tendre.

RIZ

Environ 1 c. à café (1 c. à thé) de jus de citron ajoutée à l'eau du riz nature lui permettra de garder sa belle couleur.

VINAIGRE

Dans presque toutes les recettes, on a intérêt à remplacer la moitié du vinaigre qu'elles demandent par du jus de citron jaune ou vert. En Asie, les cuisiniers n'utilisent que du vinaigre de riz et remplacent tous les autres vinaigres par du jus de citron. Quelques gouttes de vinaigre balsamique de bonne qualité en plus, et votre plat n'aura jamais eu autant de saveur. Si vous êtes amateur de vin, vous constaterez vite que le jus de citron se marie mieux au vin que le vilain vinaigre!

VOLAILLE

Vous avez acheté une volaille il y a quelques jours et elle a mauvaise mine. Qu'à cela ne tienne! Essuyez-la soigneusement avec un linge, puis frottez-la avec ½ citron. Elle ne sera pas plus fraîche, mais elle aura une meilleure odeur et sera ragaillardie!

LES SECRETS DE BEAUTÉ

Bien avant Lise Watier, Clarins et Estée Lauder, les femmes connaissaient les vertus du citron pour resplendir de beauté. Dès l'Antiquité, on se transmettait, de mère en fille, les secrets qui suivent.

BLONDES

Difficile de rester blonde à une époque où on ne connaissait ni le peroxyde ni les décolorants. Alors, que faisaient-elles, ces blondes destinées à brunir? Avec un pinceau doux, elles enduisaient leurs cheveux de jus de citron et elles allaient s'asseoir une heure ou deux au soleil! Elles restaient ainsi blondes plus longtemps et on sait tous qu'il fut une époque où les hommes préféraient les blondes.

CHEVEUX

Cléopâtre ne lavait pas sa longue chevelure avec les shampoings doux d'aujourd'hui, mais avec du gros savon de pays qui aurait laissé sur sa coiffure un vilain film gras si elle n'avait pas bien rincé ses cheveux avec une mixture composée d'une partie de jus de citron et d'une partie d'eau chaude. Après, un bon rinçage à l'eau claire, et Cléopâtre était belle pour César.

Les secrets du citron

CHEVEUX GRAS

Sans doute parce qu'elle écrivait toutes les nuits et qu'elle avait une tignasse épaisse, la géniale George Sand avait des cheveux très gras. S'approvisionnant en citrons frais dans son beau village de Nohant, elle en faisait du jus qu'elle mêlait à une partie égale d'eau. Après chaque shampoing, elle se rinçait avec cette lotion.

LÈVRES SENSUELLES

Cessez, mademoiselle, d'utiliser ces rouges coûteux qui remplissent les coffres de Dior et de Chanel, sucez plutôt, quelques fois par jour, des quartiers de citron. Vos lèvres seront délectables comme l'étaient celles des courtisanes de Louis XIV, qui connaissaient toutes ce secret.

ONGLES DE RÊVE

Pour des ongles de rêve et en pleine santé, faites-vous tremper les doigts chaque semaine dans un bol rempli de 250 ml (1 tasse) d'eau chaude additionnée du jus de ½ citron.

PEAU DOUCE

Les moniales qui passaient beaucoup de temps à genoux les avaient bien râpeux. La supérieure leur dit qu'en se frottant les genoux avec une écorce de citron, ils reprendraient toute leur douceur soyeuse. Les moniales les plus coquettes finirent par se frotter aussi les coudes que l'accoudoir de leur prie-Dieu rendait rêches aussi.

PELLICULES

Ce n'est pas sa faute, mais Frédéric Chopin avait des pellicules qui agaçaient fort George Sand quand elle en voyait sur sa tunique noire. Connaissant les vertus du citron, George décida de lui faire le traitement suivant : elle lui enduisait d'abord les cheveux de jus de citron, puis elle rinçait avec une eau citronnée – le jus de ½ citron avec 500 ml (2 tasses) d'eau tiède. Ensuite, un shampoing. En le traitant ainsi tous les 2 ou 3 jours, George réussit à débarrasser Frédéric de toutes ses pellicules.

VISAGE FRAIS

Ne dépensez plus un sou pour de la lotion astringente. Mélangez un peu de jus de citron avec de l'eau d'Évian (1 partie de jus de citron pour 5 parties d'eau), puis embouteillez le tout. Aspergez-vous-en le visage, puis essuyez avec une ouate.

LES SECRETS MÉNAGERS

Passons maintenant à tout ce qu'on peut faire avec les citrons qu'on ne mange pas sous une forme ou sous une autre. Vous verrez, si vous en doutiez, que le citron est bien l'agrume le plus polyvalent qu'on puisse imaginer.

AUTO DE MONSIEUR

Si l'homme n'est généralement pas apte au ménage, il n'en va pas de même lorsqu'il s'agit de sa voiture. Une auto propre roule mieux… surtout s'il n'y a pas de taches sur le chrome des chapeaux de roue, des pare-chocs ou de la grille. Il y en a ? On frotte les taches avec du jus de citron et elles disparaissent.

BILLET DOUX

Si vous envoyez un courriel à votre maîtresse, il y a de bonnes chances pour que des yeux indiscrets le lisent. Une lettre, c'est encore plus risqué. Que faire, alors? Ne pas lui donner de nouvelles? Jamais de la vie, elle pourrait s'intéresser à quelqu'un d'autre. De votre plus belle main d'écriture, trempez une plume dans du jus de citron, puis décrivez-lui par le menu votre passion et vos fantasmes. Tout restera invisible jusqu'à ce que votre amoureuse laisse votre lettre quelques minutes dans un four chaud, soit à 95 °C (200 °F). Vos confidences surgiront alors comme par miracle.

Et, bien évidemment, ce stratagème fonctionne aussi pour une femme qui souhaite communiquer secrètement avec son amant!

CHAUSSURES

Vous voulez vous y mirer? Après les avoir cirées et polies, frottez-les avec quelques gouttes de jus de citron, laissez sécher et polissez de nouveau. Un miroir!

CHIEN

Il vous arrive sûrement de laver votre chien. Quand je lave le mien, j'ajoute un peu de jus de citron à l'eau de rinçage de manière que le shampoing ne laisse pas de dépôt sur son précieux poil.

ÉVIER

Un évier en inox n'est pas aussi facile à nettoyer qu'on le prétend. Faites une pâte avec du sel et du jus de citron, puis frottez gentiment. Vous rincez ensuite et l'évier reluit.

FRAISES ET FRAMBOISES

Une tache de fraise ou de framboise sur un vêtement disparaît si on la frotte avec un quartier de citron et qu'on lave tout de suite après.

KETCHUP OU JUS DE TOMATE

Malheur, une tache de ketchup ou de jus de tomate! Mais si l'on s'empresse de l'imbiber de jus de citron et qu'on lave aussitôt, elle disparaît comme par magie.

MARBRE

Les tables et les comptoirs de marbre peuvent se tacher. Enlever ces taches n'est pas simple. La meilleure façon de le faire est de bien saler la moitié d'un citron, d'en frotter la tache avec le côté chair, puis de rincer avec un peu d'eau savonneuse.

ODEURS DÉSAGRÉABLES

Vous avez fait cuire du poisson ou d'autres aliments qui dégagent une odeur dont vous pourriez vous passer. Vous avez le nez fin et vous détestez l'usage des bombes aérosols. Qu'à cela ne tienne, faites chauffer le four et placez-y quelques lanières de zeste de citron sur une lèchefrite. Si vous laissez la porte du four entrouverte, les odeurs s'envoleront comme par enchantement.

Voici d'autres façons de chasser les odeurs désagréables:

• Si vous avez un broyeur, faites-lui avaler ½ citron et activez-le avec de l'eau chaude.

• L'odeur s'est répandue dans le salon? Si la

Les secrets du citron

cheminée chauffe, lancez dans le feu quelques lanières de zeste de citron.

• Un peu de jus de citron dans l'humidificateur embaumera la maison entière.

• Vous avez gardé vos bocaux de moutarde ou de cornichons pour les recycler en pots à confiture et ils sentent encore? Emprisonnez pour quelques jours un petit quartier de citron dans chaque bocal.

• Vous en avez marre d'acheter du désinfectant pour le frigo ou d'y mettre une boîte de bicarbonate de soude? Coupez quelques rondelles de citron, mettez-les dans une assiette et glissez-la sur l'une des tablettes. Votre frigo sentira… le bon citron.

PLANCHE À DÉCOUPER

Vous avez préparé des poissons ou des fruits de mer sur votre planche à découper et l'odeur qui s'y est imprégnée vous inquiète? Coupez un citron en 2. Avec une moitié, frottez bien la planche, puis rincez. Elle parfumera même toute la cuisine.

RINCE-DOIGTS

Je sais que vous le savez, mais je vous le rappelle. Vous pouvez manger avec vos doigts à condition que la maîtresse de maison ait pris la précaution de placer devant votre couvert un bol d'eau chaude… additionnée de quelques gouttes de jus et d'une rondelle de citron.

Quand on prépare des fraises, des noix, des bleuets et autres baies du même genre, on se tache les doigts. Il n'y a qu'à les frotter avec une pelure de citron, puis à rincer. Nos doigts reprennent alors leur couleur.

ROUGE À LÈVRES

Une étrangère a laissé ses empreintes de rouge à lèvres sur votre chemise? Pressez un citron dans un bol et laissez-y tremper le morceau de coton accusateur. Si c'est une chemise de couleur, diluez le jus dans une partie d'eau, au risque de voir votre chemise arborer un cercle décoloré qui vous accuserait tout autant.

ROUILLE

Presque toutes les traces de rouille disparaissent des vêtements lorsqu'on laisse la partie tachée tremper dans du jus de citron. Attention aux tissus qui ne sont pas lavables ou qui se décolorent facilement. Dans ce cas, il faut diluer le jus avec une partie d'eau et laisser tremper plus longtemps.

STYLO-BILLE

C'est l'horreur quand vous en tachez votre vêtement. Vite, imprégnez la tache d'un peu de jus de citron et faites tremper cette partie du vêtement dans l'eau. Ça marche… une fois sur deux!

THÉIÈRES, CAFETIÈRES ET CARAFES DE VIN

Voilà des accessoires qui ont tendance à se tacher. Au lieu de les mettre à la poubelle, entretenez-les de temps à autre en les frottant avec ½ citron. Si le cœur vous en dit, vous pouvez aussi les faire tremper une heure dans le jus de citron. Frottez un peu, rincez et, en général, vous retrouverez l'accessoire tout propre.

LES SECRETS DE SANTÉ

Si j'étais moins gourmand, j'aurais commencé par vous révéler les vertus du citron pour votre santé. J'y arrive néanmoins.

ACIDITÉ GASTRIQUE

C'est étonnant, je le sais, mais le citron consommé avec régularité (c'est-à-dire tous les jours sous diverses formes) a tendance à neutraliser l'hyperacidité gastrique et à activer la production de sels qui neutralisent l'hyperacidité du milieu humoral.

CŒUR ET VAISSEAUX SANGUINS

Tout en abaissant l'hyperviscosité sanguine et en réduisant l'hypertension artérielle, le citron consommé régulièrement tonifie le cœur et les vaisseaux sanguins.

DÉPRIME

Avant de me lancer dans les antidépresseurs, je commencerais par manger 1 ou 2 citrons par jour. Plus encore, si ma dépression augmente. Si rien n'y fait, voyez votre psy.

DIGESTION

Le citron favorise la sécrétion des sucs gastriques. Il favorise donc la digestion et l'expulsion des gaz intestinaux.

GINGIVITE ET AUTRES INFLAMMATIONS BUCCALES

Le citron est souverain contre la gingivite et autres inflammations de la muqueuse buccale. Il suffit de mélanger jus de citron, miel et eau, puis de se rincer la bouche fréquemment de ce mélange.

GRIPPE

Mieux vaut se faire piquer chaque automne pour ne pas attraper de mauvaises grippes, mais manger beaucoup de citron est un bon palliatif.

REINS ET VESSIE

Qui mange beaucoup de citron urine beaucoup… et uriner beaucoup, c'est la santé! Le citron est le roi des diurétiques naturels.

SCORBUT

Si l'équipage de Jacques Cartier avait pu manger des citrons ou en chiquer, personne ne serait mort du scorbut. Il n'y a plus de scorbut? Attention, les carences scorbutiques existent toujours: anémie, insuffisance de vitamine C, gastroentérite, etc.

ULCÈRES

Les petits ulcères de la bouche ou des parties génitales peuvent guérir si on y applique avec un coton-tige un peu de jus de citron.

J'arrête ici ma nomenclature, car certains finfinauds finiront par réclamer que le citron soit remboursé par l'assurance maladie ou la sécurité sociale!

L'index des recettes

Achevé d'imprimer au Canada
en octobre 2004
sur les presses des Imprimeries Transcontinental Inc.